Debout les femmes,

réveillez-vous …

Myriam Gineste

Je suis femme avec vous mes sœurs,

Femme cliché et femme vraie

Madone à l'enfant sur mon socle,

Prostituée sur mon trottoir,

Je suis femme excisée d'Afrique

Et femme violée dans la guerre,

Astronaute dans les étoiles

Et star sur l'écran de mes rêves.

JEM

Introduction

Le premier postulat de ce livre est :

"Le troisième millénaire s'ouvrira au féminin ou ne sera pas".

Cette expression veut tout simplement dire que sans l'engagement réel des femmes, dans la vie des pays et du monde, nous continuerons à faire plus et toujours plus la même chose, comme dans le passé. Alors, les gouvernements se préoccuperont toujours plus d'argent et de pouvoir que des personnes, les humains tendront toujours vers la guerre qu'elle soit physique, psychologique ou économique.

Depuis des millénaires, nous n'avons pas réussi à éliminer les conflits, la lutte pour le pouvoir et les abus d'autorité. Or, je ressens que la part féminine de l'être humain est plus proche de la douceur, de l'amour et de la qualité de vie que de la violence, du pouvoir et de la course à l'argent.

Je pense qu'une partie des femmes est déjà consciente de cette part d'elles-mêmes. Cela ne veut pas dire que les hommes ne possèdent pas ces qualités, au contraire, je pense qu'ils les contiennent aussi, simplement une partie des hommes n'adhère pas encore sinon à ces idées, du moins aux comportements qui en découlent.

Je vais, tout au long de ce livre, citer des idées reçues qui me font tout particulièrement réfléchir et que nous pouvons heureusement faire disparaître facilement si nous le désirons. Enfin, des tas de petits éléments du quotidien qui paraissent encore normaux à beaucoup mais qui ne le sont plus pour moi, ni pour ceux qui en ont pris conscience.

Je veux faire comprendre aux hommes qu'il n'est pas utile de se mettre sur la défensive, je ne les attaque pas. Je suis persuadée que les femmes ne pourront se développer qu'avec eux et non contre eux. Notre avenir est commun et les hommes ont tout à gagner de notre joie et notre satisfaction car ils pourront également réclamer leur droit à la joie et la satisfaction dans le respect des autres êtres humains.

Pourquoi j'ai écrit ce livre

Il y avait des années que j'écrivais, surtout des poèmes, des textes courts, des contes de fées ou des paroles de chansons. Mais je n'avais pas une œuvre suffisante pour la diffuser à d'autres qu'à mes amis et à ma famille.

Pourtant, un soir, j'étais dans mon lit et je n'arrivais pas à dormir. Soudain, une grande partie de ce que vous allez découvrir, a défilé dans ma tête, un peu comme un livre lu à voix haute. Je n'ai pas beaucoup dormi cette nuit là.

Mais, la vie continua son cours tranquille et je n'y pensais plus vraiment. Jusqu'à une discussion, avec un ami et sa compagne, pendant laquelle je cherchais à explorer de nouvelles possibilités de formation. A ce moment là, il me dit : "Quand tu as écrit un livre, tu as une certaine légitimité pour faire des conférences et des formations à ce sujet".

Ce fut comme si la lumière avait jailli dans mon esprit, mon sujet de livre avait été développé en une nuit. Il m'a fallu encore quelques semaines pour me décider à commencer et les événements m'ont poussée à le faire. Pour la première fois depuis des années, j'étais seule sur mon lieu de travail, devant mon ordinateur, pas de travaux prioritaires à effectuer, tout était à jour !

Alors, je me suis enfin lancée, j'ai jeté des idées en vrac sur le clavier. Puis, j'ai organisé toute cette matière première en chapitres et chaque page s'est déroulée à l'écran, comme un long courant fluide qui s'échappait de mes doigts.

Pourquoi ce sujet ? Tout d'abord parce que je suis moi-même une femme, c'est évident, non ?

Ensuite parce que j'ai vécu dès mon enfance les abus d'autorité d'hommes.

J'ai commencé dès dix ans à subir les attentions incestueuses de mon père qui n'ont cessé qu'après mes quinze ans. Pendant des années, mon cerveau a bloqué toutes ces informations et m'a permis de vivre en apparence normalement, mais mon développement affectif, émotionnel et spirituel s'était arrêté.

J'ai également, à treize ans, subi les attouchements non désirés d'un garçon plus fort que moi et, malgré mes cris, personne ne s'est dérangé pour intervenir.

J'ai finalement, à vingt-cinq ans, subi un juge, qui avait été mon professeur de droit quand je passais un DUT de Gestion à Aix en Provence, que j'étais venue consulter pour des problèmes de garde d'enfant après mon divorce et qui a profité de mon désarroi (et du fait qu'il était imposant physiquement et que le palais de justice était presque vide à cette heure) pour m'embrasser longuement malgré mon dégoût.

Tous ces événements auraient pu me transformer en harpie détestant les hommes et je reconnais que j'ai eu longtemps peur d'eux et du sexe. Mais j'ai eu la chance de rencontrer des thérapeutes qui m'ont aidé à transformer ma vie en me permettant de prendre du recul par rapport à mon passé et qui m'ont permis de guérir nombre de mes blessures. Des êtres humains ouverts, à l'écoute sans jugement, capable d'utiliser des techniques comme la Programmation Neuro-Linguistique, l'hypnose, la sophrologie, le décodage biologique et d'autres techniques de développement personnel de façon à pouvoir accompagner les personnes qui arrivent pleines de souffrance.

J'ai peu à peu repris confiance en la vie et j'ai appris à apprécier toute la beauté qui nous entoure. Je ne peux pas vous décrire mes séances de thérapie parce que chaque expérience est personnelle, mon chemin n'est pas celui des autres.

Je veux témoigner pour que les femmes, qui ont subi des violences, des viols ou des incestes, et les hommes, qui ont été victimes de pédophiles ou d'autres violences, sachent qu'il est possible, non seulement de s'en sortir mais également de vivre une vie heureuse et équilibrée.

Je n'ai pas de recette miracle, nous sommes tous différents et nos ressentis le sont également. Mais j'ai survécu pendant vingt ans, puis, après, petit à petit, j'ai réappris à vivre vraiment. Contrairement à ce que peuvent penser certains, il m'a fallu moins d'un an pour changer radicalement de comportement, pour comprendre que je n'étais pas coupable de ce qui s'était passé, que j'étais une victime. Pour accepter également que mes agresseurs étaient responsables de leurs actes, mais, eux aussi, des victimes, que leur comportement était un symptôme de leurs propres souffrances, ce qui ne les excuse en rien.

Forte de cette expérience, je veux dire aux personnes qui ont subi des abus sexuels qu'il est important qu'elles comprennent qu'elles ont été des victimes, qu'elles ne sont pas et n'ont jamais été responsables de ce qui leur est arrivé, contrairement à ce que certains peuvent dire et qu'il est important, voire vital, de retrouver l'amour de soi.

En revanche, je suis persuadée que le fait que l'on ait été, un jour, victime, n'autorise pas à abuser d'autres et donc à créer de nouvelles victimes. Ce n'est en aucune façon une circonstance atténuante, cela serait trop facile. Nous sommes tous responsables de nos actes et, ressentant dans notre chair et notre esprit les conséquences des abus, nous savons donc vraiment ce que nous infligeons aux autres.

Je sais qu'il est possible de guérir des séquelles des abus de toutes sortes, à condition d'effectuer des démarches pour cela, par contre il est impossible de nous exonérer des résultats de nos propres actes, nous en assumerons forcément les conséquences.

Mon père était atteint d'une maladie incurable, la sclérose en plaques, je pense qu'il s'était puni tout seul des transgressions qu'il a effectuées. Pour mes deux autres agresseurs, je ne sais pas ce qu'ils sont devenus, mais je suis certaine qu'ils ne sont pas heureux, ni équilibrés, s'ils n'ont pas cherché à guérir.

J'ai le désir de me connaître toujours plus, c'est pourquoi je continue sur la voie de mon développement personnel, qu'il soit physique, émotionnel, psychologique et spirituel. J'avance à mon rythme, dans la joie comme dans la peine, comme n'importe quel être humain. Je suis technicien P.N.L. et en formation pour devenir praticien, puis maître-praticien, j'ai fait de la sophrologie, du décodage biologique, des formations d'hypnose et je lis énormément de livres, j'écoute des conférences et je reçois des informations régulières de thérapeutes reconnus aux USA afin de me rapprocher de ce que je suis vraiment. Quand je reçois des informations sur de nouvelles techniques de développement personnel qui me correspondent, je fais tout mon possible pour en savoir plus et éventuellement me former.

J'ai également compris qu'il est important de toujours dire la vérité, d'être honnête. Pour moi, vivre comme une autruche, la tête dans le sable, ce n'est pas vivre, c'est faire semblant.

Qui dit "Toute vérité n'est pas bonne à dire" ? Je ne suis pas d'accord car je pense qu'il ne faut pas confondre vérité et jugement. Si je dis à quelqu'un : "Tu es laid", je porte un jugement et ce n'est donc pas une vérité. Par contre, si je lui dis : "Tu as un bouton sur le bout du nez", je lui dis la vérité sans jugement.

Si je dis à quelqu'un : "Tu es un imbécile", je porte un jugement. Par contre si je lui dis : "Ce que tu viens de me dire m'a profondément blessée", alors je dis la vérité.

Je ne sais pas si vous voyez, entendez ou sentez la différence, elle tient dans le jugement. Quand j'explique à quelqu'un ce que je ressens, je lui dis la vérité, quand je traite quelqu'un de tous les noms d'oiseaux que je connais, je le juge.

Il arrive que je me dispute avec les gens que j'aime, c'est souvent à cause de malentendus. Je peux pourtant demander à mon interlocuteur s'il a vraiment voulu dire ce que j'ai compris. Il arrive qu'un mot rappelle des situations passées douloureuses, que l'on a tenté d'étouffer, d'ignorer, qu'il nous fasse réagir de façon disproportionnée. Il arrive également que nous comprenions une phrase d'une manière vraiment éloignée de ce que notre interlocuteur voulait exprimer. Certains mots, prononcés par mon conjoint, avaient tendance à réveiller ma peur de l'abandon, alors qu'il disait quelque chose de complètement différent. Une remarque innocente peut être prise pour une critique parce que quelqu'un de notre passé nous a harcelé à ce propos. Une explication claire et franche permet alors d'éclaircir la situation, de mieux se comprendre.

L'honnêteté est, pour moi, une grande qualité mais elle peut gêner les autres. Ce n'est pas toujours facile pour eux.

Il ne m'est plus possible de prétendre que je vais bien quand ce n'est pas le cas, sinon j'en serais morte... Allez expliquer cela à des êtres humains qui préfèrent faire semblant que tout est bien dans le meilleur des mondes. Il n'y a pires aveugles que ceux qui ferment volontairement les yeux. Pourtant, s'ils ne sont pas prêts à voir, entendre ou comprendre, je le respecte et je ne force personne, simplement je ne suis pas obligée de les fréquenter.

Quand je subissais l'inceste, je refusais d'avoir conscience de ce qui se passait, je quittais mon corps afin de ne rien ressentir, de m'imaginer qu'il ne se passait rien. Le reste du temps, j'enfouissais tout cela sous des couches de refus de plus en plus épaisses. Je vivais dans l'irréalité la plus totale. Pendant des années, j'ai voulu nier de toutes mes forces avoir vécu cette situation, même si je savais que c'était futile. Je refusais d'y penser, encore plus d'en parler.

D'autant plus que j'avais essayé, à l'âge de treize ou quatorze ans, d'en parler à ma grand-mère maternelle, dont j'étais très proche, mais elle n'avait pas voulu m'écouter, disant que je me faisais des idées, elle pensait très honnêtement que ces "choses-là" n'arrivent pas dans les familles "normales".

Pourtant, quand j'ai commencé ma thérapie, dans le but officiel de me libérer de ma timidité maladive, c'est ce qui est sorti en premier. Cela a été une vraie libération, quitter l'illusion pour la réalité.

L'étape suivante a été d'en parler avec mon père, qui a éludé le sujet avant de se justifier en disant que ce n'avait pas été sexuel, que c'était un appel au secours, puis il a fini par avouer qu'il avait "joué au con".

Puis, la troisième épreuve nécessaire a été de révéler ce qui s'était passé à toutes les personnes concernées car proches, mon frère, ma mère, ma famille maternelle et paternelle.

Une fois que la réalité a repris sa vraie place dans ma vie, j'ai pu alors me consacrer à pardonner. Me pardonner d'avoir été une victime, de n'avoir pas eu la possibilité de dire non, pardonner à mon corps d'avoir été touché par des personnes que je refusais, pardonner à mon père d'avoir abusé de son autorité pour sa satisfaction égoïste tout en lui laissant la responsabilité de ses actes, pardonner à ma mère de n'avoir rien vu et donc, de n'avoir rien fait pour empêcher cela, pardonner à tous ceux qui m'ont fait mal consciemment ou non tout au long de ma vie.

Quand j'ai commencé sur la voie du pardon, je me suis rendu compte qu'il y avait des milliers d'incidents dans ma vie qui m'avaient blessée, j'en ai donc profité pour continuer à me pardonner et à pardonner aux autres pour chaque contrariété que j'ai pu ressentir, après avoir exprimé, pour moi et éventuellement pour la personne concernée, ce que j'avais éprouvé. Je me suis ainsi libérée de beaucoup de boulets qui me ralentissaient, je me sens tellement plus légère aujourd'hui. Les ressentiments et les non-dits sont autant de cancers qui nous rongent de l'intérieur. Il est pourtant simple de s'en débarrasser.

J'ai au fond de moi des zones d'ombres, des recoins noirs qui m'ont longtemps fait peur, mais j'apprends peu à peu à les connaître, à les aimer, cela me permet de les amener vers la lumière et donc, les adoucir.

Chaque défaut n'est qu'une qualité qui demande à vivre. En les refusant, je me coupe des trésors qui attendent au fond de moi. Je contiens la jalousie, la peur, l'envie, je sais que sous l'emprise d'une violente colère, je pourrais commettre des actes que je regretterais ensuite. J'ai failli, un jour, assommer mon frère avec ma guitare, finalement la raison l'a emporté, j'ai préféré jeter l'instrument par la fenêtre plutôt que risquer de le tuer. Nous contenons tous la possibilité d'agir à notre guise, nous avons toujours le choix de nos actes.

Bien sûr, je n'ai pas pu changer entièrement en une seule seconde, un enfant a déjà besoin de neuf mois pour être capable de naître, je pense que j'aurai besoin de toute ma vie au minimum pour me rapprocher du meilleur de moi-même, mais chaque pas est un voyage merveilleux. J'ai fait des progrès, puis des pas en arrière, le chemin n'est pas linéaire, il y a des obstacles inattendus, des problèmes qu'on croit résolus mais qui reviennent sous une autre forme.

Je vais essayer tout au long de ce livre vous expliquer comment j'ai pu reconstruire ma vie, en partant du tout premier malentendu de mon enfance : l'amalgame qui a été fait entre l'amour et le désir.

De l'amour et du désir

Pour moi, il n'y a rien de plus beau que l'amour, pourtant je sais que l'amour est souvent confondu avec l'attachement dans le sens littéral de lien contraignant.

Au départ, quand j'aime, tout resplendit, tout me paraît beau, lumineux et coloré, la vie est magnifique et je suis une source de joie, de douceur et d'espoir. Puis, si l'autre tant aimé ne me donne pas son amour en retour, je renie la joie pour pleurer, sombrer dans le désespoir, la mélancolie, voire la violence.

Pourtant je sens que l'amour provient de l'intérieur et n'est pas vraiment lié à l'extérieur, il ne devrait donc pas varier en fonction de l'autre.

Quand j'aime un acteur de cinéma ou un mannequin sur papier journal, je sais pertinemment que ce n'est pas lié à l'autre, mais que la source est au tréfonds de moi.

En m'accrochant à une personne, qu'elle m'aime en retour ou pas, je deviens un boulet qu'elle traîne. Le dicton le dit "Aimer, c'est regarder ensemble dans la même direction", pas s'accrocher à l'autre pour l'empêcher de s'éloigner.

Mon éducation m'a fait croire que l'amour est un dû, qu'il est normal d'être aimé, et il y a rarement de demi-mesure, sauf pour ceux qui croient que personne ne peut les aimer. Pourtant je pense que l'amour n'est pas un devoir, ni une obligation, il ne peut ni se commander, ni se réprimer.

Pour pouvoir être aimé, encore faut-il être aimable et capable de ressentir l'amour des autres. Pour être aimable encore faut-il s'aimer soi-même. Si vous ne vous aimez pas, alors, qui pourra vous aimer ? Même si quelqu'un vous aime, serez-vous capable de vous ouvrir à l'amour ? Par peur, j'ai failli refuser la rencontre avec celui qui est aujourd'hui mon compagnon, avec qui je partage une relation merveilleuse. Je ne comprenais pas ce qu'il voyait et cherchait en moi, je me méfiais. Quand j'ai laissé tomber mes protections pour accueillir ce qu'il me proposait, j'ai vraiment bien fait. Ce n'a pas été facile au début, pour lui comme pour moi, mais nous avons réussi à avancer ensemble dans la même direction, à dépasser chacun nos limites, à nous épauler quand le besoin se faisait sentir et à nous laisser nous épanouir chacun de notre côté afin d'enrichir notre vie de couple. Je veux dire que nous n'avons pas toujours les mêmes goûts, les mêmes envies, les mêmes passions, nous avons donc des activités artistiques, sportives, culturelles séparées qui nous laissent notre individualité et aussi des activités communes quand nos intérêts vont dans le même sens.

Quant à ceux qui vous commandent d'aimer, ils ne peuvent être obéis**. Il est impossible de forcer l'amour**, il est juste possible de s'illusionner. Pourquoi dire à un enfant, comme cela a été le cas d'une amie, qu'il doit aimer sa tante, son parrain, son voisin... et le culpabiliser s'il n'y arrive pas, c'est non seulement inutile, faux, mais en plus dommageable pour les deux personnes.

Il est également impossible de se faire aimer en essayant de faire des changements qui ne vous correspondent pas ou bien vous ne serez pas véritablement aimé, l'autre aimera une image qui ne sera pas vous. Vous pouvez peut-être tenter de vous contenter de l'illusion, mais vous vous demanderez pourquoi vous êtes malade ou déprimé ?

Pour ceux qui sont ouverts à la spiritualité, vous savez que la Vie, l'Univers (ou ce à quoi vous croyez) vous aime exactement tel que vous êtes. Vous ne pouvez donc lui faire injure en refusant de vous aimer de même. En vous aimant, vous ferez ressortir les beautés que vous contenez et vous attirerez l'amour d'autres personnes. Longtemps, j'ai été convaincue que je ne méritais pas grand chose, que tout était trop bien pour moi, jusqu'à ce que je comprenne que ce n'était qu'une croyance.

Nous sommes des miracles vivants, mais nous avons souvent tendance à croire que tout, en nous, est normal et inintéressant. Pourtant, je sais maintenant que je possède, comme les autres, la lumière en moi. Plus je l'aime et la nourris, plus elle va grandir et devenir lumineuse.

Je sens que l'amour a de multiples facettes, la passion amoureuse entre deux êtres, la profonde tendresse de l'amitié, la douceur de l'amour d'une mère ou d'un père (pour ceux qui l'ont vécu avec leurs parents ou qui le vivent avec leurs enfants) ou ce curieux sentiment fraternel que l'on ressent quand d'autres êtres humains réalisent une action dont nous sommes fiers et que nous aurions aimé réaliser avec eux.

Je pense que l'amour de la nature, de la terre, d'un animal ou de l'Univers sont toujours des variations sur le même thème. Un sourire donné, un geste tendre, une approbation, un regard de connivence, la musique, une œuvre d'art, tout cela fait partie de l'amour dans ses infinies nuances. Même quand je décide de m'arrêter pour laisser passer un piéton, c'est un geste d'amour. Simplement, la plupart des gens n'en ont pas conscience et c'est dommage.

La relation entre deux partenaires n'est qu'une infime partie de l'amour, mais c'est la plus médiatisée. Les jeunes filles attendent donc leur prince charmant et sont souvent désespérées de ne pas le trouver, alors parfois elles se contentent d'un ersatz et deviennent aigries.

Je le crie bien haut, aimez-vous d'abord pour ce que vous êtes. Soyez vous-même, apprenez à vous connaître, à savoir ce que vous aimez, ce qui vous fait du bien. Habillez-vous selon vos envies et pour votre confort, apprenez à faire confiance à votre intuition et vous serez heureuses et bien dans votre corps. Vous trouverez d'autres personnes heureuses et bien dans leur peau que vous saurez aimer pour elles-mêmes et pas pour leur apparence et qui sauront également vous aimer vraiment. Je ne suis jamais les modes, je me fiche royalement de ce que les autres pensent de ma façon de me vêtir, de me coiffer ou de mes nombreux tatouages, je m'en porte plus que bien. Ceux qui m'aiment savent parfaitement qui je suis.

Pour les victimes d'abus sexuels, je veux dire aussi qu'il est possible qu'elles aient ressenti du plaisir physique pendant qu'on utilisait leur corps. C'est normal. Le corps ne sait pas si celui qui le touche en a le droit ou pas, il ne sait que réagir en fonction de la douleur et du plaisir d'un toucher. Un corps n'a pas de morale, il n'est pas fait pour cela. La victime peut hurler son horreur au fond d'elle même tout en ayant des sensations qui peuvent être agréables à son corps.

C'est souvent une grande source de culpabilité qui peut conduire à se couper totalement de son corps, à le détester et même à vouloir le détruire. Et pourtant, il n'y a **aucune raison** de se sentir coupable, il suffit juste d'accepter que le corps ait des réactions non maîtrisables mais normales, et, heureusement, sinon cela voudrait dire que nous sommes morts.

Je parle en connaissance de cause, car je détestais vraiment ma "prison de chair" avant ma thérapie, puis j'ai commencé à l'accepter, ensuite à l'apprécier, maintenant je l'aime En apprivoisant mon corps, en réapprenant à le connaître, en l'aimant pour tout ce qu'il m'apporte, j'ai rétabli le lien avec lui et je suis maintenant heureuse et équilibrée.

J'ai commencé à me concentrer sur mes sensations, sans jugement : le goût de la nourriture dans la bouche, la fraîcheur de la boisson que je buvais, les odeurs qui flottaient, le contact de ma peau sur les vêtements et les objets, le poids de mon corps sur la chaise, les couleurs et les textures de ce qui m'entourait. En me forçant à écouter mes cinq sens, j'ai appris à prendre du plaisir aux choses simples, manger, boire, me laver, marcher, respirer, regarder.

Au début, cela m'a demandé beaucoup d'efforts, une attention intense, mais quelle récompense, ma vie est devenue une myriade de sensations. A un moment, j'ai même trouvé que c'était trop à la fois, j'ai eu la tentation de filtrer afin de ne laisser entrer en moi qu'une partie des informations que je recevais. Mais je me coupais à nouveau de la réalité, j'ai donc abandonné cette nouvelle échappatoire pour laisser mon corps gérer seul le surplus de sensations.

Le mental n'est pas sensé être un dictateur, il prend la place qu'on lui donne... Petit à petit, j'ai réussi à lui donner des dimensions moins importantes, à laisser la place au corps. Nous ne sommes pas des purs esprits, j'ai longtemps cru pouvoir vivre comme cela, mais cela n'a pas fonctionné. Outre un accident à la colonne vertébrale, j'ai fait des bronchites chroniques, colites spasmodiques, etc. Mon corps criait de plus en plus fort qu'il était là et que je ne pourrais pas continuer longtemps sans lui. Heureusement, j'ai entendu le message avant que cela ne devienne plus grave.

Maintenant je savoure le contact de la glaise quand je fais des sculptures ou divers objets en poterie, j'apprécie à leurs justes valeurs les odeurs et les saveurs de la nourriture, je ressens le moindre inconfort corporel et j'y remédie le plus vite possible en allant consulter un ostéopathe ou mon médecin. Je suis réceptive au contact de ma peau, que ce soit sur les vêtements ou sur une autre peau.

Je n'ai plus honte de mon corps. Pourquoi aurait-on honte de ses mains, de ses pieds ou de son sexe ? Bien sûr, il m'a fallu des années de travail sur moi, aidée par des thérapeutes, pour dépasser ce stade. Mes expériences m'avaient conduite à détester mon corps, à le refuser, à vivre uniquement dans ma tête sans me préoccuper de la chair dans laquelle j'étais incarnée.

Mais en découvrant mes sensations, j'ai enrichi ma vie au-delà de mes rêves les plus fous. Je suis passée de la sensibilité d'un tronc d'arbre mort à une reconnaissance des différentes sensations, jusqu'à une grande appréciation des capteurs sensoriels de la peau et des nerfs. Un acupuncteur m'a fait, il y a plusieurs années, une brûlure importante dans le dos parce que je n'avais pas été capable de lui dire quand la chaleur de l'élément de médecine chinoise, qu'il avait placé sur une vertèbre, devenait inconfortable, c'est dire à quel point j'étais coupée de mes sens.

Je n'ai pas honte d'avoir des yeux qui servent à regarder, ni un estomac qui sert à digérer, alors pourquoi avoir honte d'un sexe qui est une partie importante et bien utile de mon corps.

Pourtant, il suffit de réfléchir à tous ces noms que l'on utilise pour parler du sexe de la femme, pour constater qu'en général ils sont plutôt péjoratifs alors que ceux utilisés pour parler du sexe de l'homme sont plutôt élogieux. D'ailleurs, avant, les femmes "bien" ne se déshabillaient pas devant leur mari, elles avaient les chemises de nuit fendues au niveau du sexe et ne devaient pas avoir de plaisir sous peine de passer pour des femmes "de mauvaise vie". Mais les hommes couraient alors chez les prostituées qui dévoilaient leurs corps afin d'obtenir l'excitation qui leur faisait défaut dans le lit conjugal.

Heureusement, me ferez-vous remarquer, ce temps est révolu. Eh bien, pas tant que cela ! Trop de femmes ont encore une vie sexuelle fade et insipide par méconnaissance de leur corps, par peur de l'énergie sexuelle non contrôlée, par manque de dialogue avec leur partenaire ou par l'égoïsme de certains conjoints. C'est Brassens qui le chantait : "99 fois sur 100, la femme s'emmerde en baisant..." Eh bien, je dis que c'est aussi de notre responsabilité, car plus nous aimerons notre corps, plus nous le connaîtrons et plus nous le respecterons, plus nous serons comblées et satisfaites, physiquement et sexuellement. Car si nous nous aimons et nous nous respectons, nous pourrons réclamer le respect de nos partenaires et l'écoute de nos besoins.

Quant à ceux qui ne voudront pas vous écouter et vous respecter, la question se pose : "vous aiment-ils vraiment ?" ou bien "avez-vous envie de passer le reste de votre vie dans ces conditions ?". Chacun son choix, l'important est qu'il soit effectué en connaissance de cause, avec tout d'abord le respect de soi-même, puis bien sûr, le respect de l'autre. Chaque couple définit ses limites, mais il est parfois difficile de s'exprimer. Pendant des années, j'étais incapable de parler de mes envies et de mes besoins, je n'arrivais pas à mettre des mots sur ce que je sentais confusément. Puis, la confiance, en moi-même et en mon compagnon, s'est installée et m'a aidée à parler. Timidement au début, puis, comme j'étais écoutée et respectée, de plus en plus facilement jusqu'à un dialogue franc, clair et intéressant.

Se respecter, c'est aussi respecter ses envies et savoir paraître ce que nous sommes vraiment, montrer à l'extérieur ce que nous sommes à l'intérieur. Si nous nous sentons belles et sexy, pourquoi nous cacher derrière des pulls longs et amples dans le style "sac à patates" ? Nous pouvons mettre notre corps en valeur dans des vêtements plus moulants, quoique confortables. Je pense que nous montrons une partie de ce que nous sommes à travers nos vêtements, cela devient parfois un signe d'appartenance comme mon fils aîné qui mettait des pantalons beaucoup trop grands, style "baggy" pour montrer qu'il avait le "look skater".

A part cela, je trouve ces pauvres mannequins anorexiques qui ressemblent à des tiges beaucoup moins attrayants que des femmes "normales" avec leurs formes naturelles. Ne me dites pas que les top-models sont toutes naturellement maigres, il y a moins de dix pour cent des femmes qui sont vraiment maigres sans effort et elles ne sont pas toutes mannequin car elles ne sont pas toutes assez grandes pour cela. Quand on sait que la moyenne des femmes françaises fait plus de soixante kilos pour un mètre soixante et s'habille en quarante-deux, il me paraît extrêmement irresponsable de ne médiatiser que des maigres, en ne tenant aucun compte de l'impact sur les jeunes filles, qui se mettent au régime en pleine période de croissance et réduisent ainsi leur fertilité et leur chance de vivre en bonne santé.

On est soi-disant loin du "Sois belle et tais-toi", mais l'image de la femme colportée dans les médias est encore trop éloignée de la réalité et peut induire en erreur, non seulement les jeunes femmes, mais aussi les jeunes hommes qui se font une idée fausse de la féminité. Il me semble que montrer ces femmes, apparemment disponibles, peut faire croire aux garçons, qui n'ont pas eu une vraie expérience des relations hommes/femmes, que toutes les filles sont disposées à avoir des relations sexuelles avec eux.

Ceux, parmi les hommes, qui excusent les viols, utilisent des arguments du type : "Oui, mais on sait bien que quand une femme dit Non, en fait elle pense Oui" ou bien : "Elle le cherchait, elle n'avait qu'à s'habiller autrement" ou encore pire : "On sait bien que les femmes fantasment toutes d'être violées". Eh bien, non, tous ces arguments sont faux et fallacieux. Aimeriez-vous, Messieurs, que quelqu'un abuse de vous sexuellement en prenant pour argument le fait que vous vous promeniez en short ou torse nu ? Je ne le crois pas, surtout s'il s'agissait d'un autre homme ! Il y a, en effet, peu de femmes violeuses, elles sont parfois les complices, mais rarement l'agresseur initial (à quelques exceptions près, qui reproduisent un comportement prédateur et qui n'ont, à mon avis, rien compris).

Dans les pays où les hommes cachent les femmes sous des vêtements amples et autres tchadors, ils se protègent simplement de leurs propres pulsions au détriment de la liberté de la femme. Comme si les gourmands interdisaient la production de chocolat de peur de céder à la tentation...

Je veux apprendre à mes enfants que chacun a droit au respect de l'intégrité de son corps, que chacun a le droit de dire non aux avances sexuelles et que personne n'a le droit de forcer quelqu'un à agir d'une manière contraire à son intérêt. Je ne veux pas que mon enfant obéisse quand on lui demande de sauter par la fenêtre du dixième étage. De la même manière, je veux que mon enfant, garçon ou fille, puisse vivre dans son corps sans que quelqu'un vienne, contre sa volonté, y poser ses mains ou une autre partie de son individu.

Je veux également dire aux hommes, qu'ils soient pères, futurs pères ou proches d'enfants, qu'il est fort probable qu'ils ressentent un jour une pulsion sexuelle envers un (ou une) enfant. Qu'ils se rassurent, c'est une réaction physique normale, le corps n'a pas de morale. Par contre, les enfants ne sont **absolument pas** des partenaires sexuels envisageables, même si, dans leur innocence, ils jouent à la séduction. Il convient donc de canaliser l'énergie sexuelle vers un, ou une, partenaire adulte, libre et consentant.

Même dans un couple, je pense que si l'un des partenaires refuse une relation sexuelle, c'est son droit légitime et l'autre n'a pas à le forcer. Pour moi, le corps, des hommes comme des femmes, n'est pas une marchandise ou une friandise qu'on utilise à volonté. Je pense que la volonté est primordiale et que, si la femme a envie de partager un moment d'intimité avec un partenaire qui est aussi prêt qu'elle, tout va bien. En revanche, si l'un des deux est réticent, voire refuse totalement, je pense que c'est son droit et la relation s'arrête là, quitte à ce que la femme se fasse traiter "d'allumeuse" quand c'est elle qui dit stop.

Quand j'y pense, il est des millions de termes péjoratifs envers les femmes et beaucoup moins envers les hommes, il est important de commencer à changer notre vocabulaire. Pourquoi ne pas commencer avec les traditionnels Madame et Mademoiselle ? Où est le Mondemoiseau ? Pourquoi une différence entre les femmes mariées ou célibataires et pas entre les hommes mariés ou seuls ? Qui ose répondre "qu'est-ce que ça peut vous faire ?" à ceux qui posent l'éternelle question "Madame ou Mademoiselle ?". Pourquoi cela ferait-il drôle de dire Madame aux petites filles, quand on trouve normal de dire Monsieur aux petits garçons ?

Et quand on pense qu'au Moyen-Age, on disait un gars, une garce, qui oserait aujourd'hui utiliser la version féminine du mot pour parler de quelqu'une… Qu'en penser, pourquoi dénature-t-on les mots à consonance féminine et pas ceux pour les hommes ?

J'ai toujours pensé que des richesses immenses ressortaient des différences entre les individus, nous avons tant à apprendre des autres. Chaque être humain est unique et apporte tellement à l'humanité entière. Mais pour cela, il est important de laisser la place à chacun de s'exprimer et d'être totalement lui même dans le respect des autres.

Si je me coupe d'une partie de la population du monde sous prétexte qu'elle n'a pas le même sexe que moi ou pas la même couleur ou pas la même culture ou pas la même religion, je stagnerai. Le mélange de cultures, de façons d'aborder la vie permet le renouvellement des idées et évite totalement la sclérose des civilisations figées qui, d'ailleurs, finissent par s'effondrer.

Nous sommes dans une situation difficile en ce début de troisième millénaire, nos structures s'effilochent, notre manière de vivre est dépassée et ne convient plus à la Terre, nous nous devons de trouver d'autres solutions pour que nous puissions tous y gagner et laisser aux générations futures un monde où ils pourront vivre.

Or, de nouvelles valeurs émergent dans le monde (cf. le livre "L'émergence des Créatifs Culturels" édité par Yves Michel). Ces valeurs comprennent tout d'abord la recherche de l'authenticité personnelle, c'est à dire que les croyances et les paroles sont validées par des actes. Ensuite, les créatifs pratiquent l'ouverture d'esprit, une qualité d'écoute des autres dans le respect mutuel avec une forte tendance à l'entraide. Les créatifs essaient également de comprendre les choses en profondeur en échangeant leurs expériences et en même temps ont une vision globale de la vie à l'échelle planétaire, ce qui leur permet d'avoir une perspective holistique. C'est à dire qu'ils comprennent à la fois les parties du tout et, grâce aux interactions, le fonctionnement global de ce tout. Ensuite, les créatifs utilisent majoritairement les médecines douces, ils ont le respect des équilibres écologiques, ils s'attachent à privilégier le développement durable de la planète et à favoriser le commerce équitable. Les créatifs sont tout particulièrement attachés à l'épanouissement individuel, au développement de la vie intérieure et à la spiritualité dans le respect des autres et de leurs croyances. En fait, ils refusent l'intolérance, le cynisme, les inégalités, l'injustice et le matérialisme. Ces créatifs qui apparaissent sont en grande majorité des femmes (60 %). Non seulement, je trouve cela normal mais également évident puisque nous avons un immense potentiel encore peu exploité. Pourquoi ? Est-ce seulement parce que les hommes ont peur qu'on leur vole un bout de leur territoire ? Ou est-ce également parce que les femmes manquent de confiance en elles ?

Il est parfois plus facile de s'adapter à une situation connue, même inconfortable, que d'oser changer. J'ai compris que je ne pouvais pas changer les autres, la seule personne que je peux faire évoluer, c'est moi. Par contre, quand je change, les autres changent immanquablement, quoique pas forcément dans le sens que j'espérais... Au fil des années, je me suis rendu compte que mon comportement influait sur celui de mes proches, si je change, ils changent aussi.

Si bien qu'au lieu de me plaindre quand une situation ne me convient pas, je me demande ce qui, en moi, demande à évoluer. Concrètement, je vous donne un exemple. Pendant une partie de mon congé parental d'éducation, je me sentais à l'écart du monde du travail, inutile, dévalorisée parce que mon salaire avait disparu, remplacé par des allocations familiales, et mon époux me renvoyait cette image en me rappelant régulièrement que je ne travaillais pas. Puis, j'ai changé ma conception, j'ai commencé à considérer que l'allocation était mon salaire, que j'aidais à élever nos enfants, que j'avais des activités artistiques créatives et que j'étais utile. Miracle, le discours de mon conjoint a changé et il s'est mis à considérer que je travaillais. Eh bien, ce n'était pas un miracle, mais une évolution naturelle liée à mon changement de croyance et de comportement.

De la maternité et de l'éducation des enfants

La maternité et la naissance de mes enfants a été un des moments de ma vie qui a fait renaître en moi le plus de souvenirs d'enfance et qui a révélé au grand jour mes parents intérieurs.

Je peux vous assurer que, pour mon premier enfant, ils étaient plutôt tordus. Le père n'avait, pour moi, à ce moment-là, aucune importance, donc je l'ai exclu de la relation et j'ai créé une bulle pour l'enfant et moi. A l'époque je n'en avais pas conscience, je ne m'en suis rendu compte que pendant ma deuxième grossesse.

Il était normal que mon mari cherche ailleurs de l'attention et de l'amour et que nous ayons divorcé avant que notre enfant ait deux ans.

Je me suis retrouvée, étudiante, seule avec l'enfant, mais cela a été une grande bénédiction pour mon fils encore plus que pour moi. En effet, j'ai été obligée de le laisser partir régulièrement pour un minimum de quatre à cinq semaines tous les deux mois chez son père qui avait déménagé à mille deux cents kilomètres de chez moi. Cela m'a permis de ne plus l'étouffer, de le laisser vivre heureux loin de moi et de respecter ses besoins plus que les miens.

Quant à moi, j'ai commencé à être plus souvent moi-même, puisque j'étais seule, au lieu d'essayer de paraître ce que je croyais que les autres attendaient de moi. C'est ce qui m'a permis d'être prête à consulter un thérapeute adapté à ma demande quand le besoin s'en est fait sentir.

C'est aussi pourquoi mes grossesses suivantes ont été si différentes de la première, avec la place pour le père qui souhaitait participer activement et avec le respect de l'autonomie des enfants. J'ai beaucoup évolué pendant ma deuxième grossesse, j'ai dû revoir toute ma conception de la paternité, de son rôle dans l'accompagnement de la maternité et de la naissance. En fait, j'ai jeté à la poubelle toutes mes conceptions précédentes et je suis repartie à zéro. J'ai beaucoup lutté contre ma tendance à tout gérer dans la vie du bébé, afin de laisser au père la place qu'il souhaitait, ni trop, ni trop peu. Cela n'a pas toujours été facile, d'autant plus que j'allaitais le bébé et que j'étais en congé parental. Mais avec beaucoup d'amour et d'écoute de mon compagnon, je pense que nous avons réussi à vivre la petite enfance de nos enfants de manière agréable et satisfaisante pour nous tous.

Mon expérience de la maternité m'a conduite à me poser un certain nombre de questions et des réflexions que je vous livre maintenant.

Pour parler de la maternité en termes pratiques, je suis sûre que si nous nous impliquons, nous les femmes, dans la politique et dans la vie du pays, peut-être pourrons-nous alors faire accepter des lois allongeant les congés maternité afin d'éviter les prématurés qui coûtent une fortune à la sécurité sociale.

J'ai eu la chance de ne jamais avoir à travailler pendant mes grossesses, parce que je ne travaillais pas encore ou parce que j'étais en congé parental. J'ai trouvé que j'avais déjà suffisamment de choses à gérer pendant ces périodes sans, en plus, avoir à penser au travail.

Je discute régulièrement avec d'autres mamans et j'en ai déduit que travailler pendant les six premiers mois de grossesse est possible mais qu'ensuite c'est plus risqué pour l'enfant et plus fatigant pour la mère, d'ailleurs combien de femmes sont en congé maladie pour grossesse à risque et ce, dès les premiers mois ?

Les hommes ne portent pas les enfants, ils ne comprennent donc pas la fatigue occasionnée par les derniers mois de grossesse, le besoin de se centrer sur son corps et ses métamorphoses, l'envie d'être à l'écoute de l'enfant et de soi-même, toutes choses qui sont impossibles avec un travail qui oblige à s'oublier.

Sans parler du temps qu'il faut passer pour les visites obligatoires auprès de gynécologues. Pour ma deuxième grossesse, je suis allée consulter un médecin à l'hôpital. N'ayant pas la possibilité de choisir une femme puisque aucune n'était gynécologue résidant, j'ai pris un rendez-vous avec un médecin recommandé par une amie. J'ai passé deux heures dans la salle d'attente avec d'autres futures mamans qui pestaient autant que moi d'être coincées là, dont certaines avec des enfants en bas âge qui devenaient fous d'être enfermés dans cette salle rébarbative, sans fenêtre et sans aucun jeu pour eux.

Après avoir discuté avec la plupart de ces femmes, j'ai compris qu'à chacun des rendez-vous mensuels, il me faudrait affronter entre une heure et demie et deux heures et demie d'attente. Sachant que si, exceptionnellement, le médecin est à l'heure et que la patiente n'est pas là, elle perd son tour.

Finalement, ce gynécologue, que je ne connaissais pas encore, me fait entrer dans son cabinet et monter sur la balance toute habillée (avec les bottes et le manteau puisque c'était l'hiver) et commence à me faire des remontrances et à m'intimer de commencer un régime car, d'après lui, j'avais déjà trop grossi et je ne devais pas prendre plus de huit à dix kilos pendant ma grossesse.

Puis, il me demande de m'allonger et, ouvrant rapidement la braguette de mon pantalon sans me demander de le baisser, il glisse sa main pour m'ausculter. J'ai été tellement surprise que je suis restée pétrifiée pendant l'examen qui a duré quelques secondes. Enfin, il a pris quelques renseignements sur moi et m'a expédiée au secrétariat pour payer la consultation qui avait duré moins de dix minutes en tout.

Je suis sortie dans un état second, oscillant entre la révolte, le dégoût et l'hébétement devant le mépris total que je l'avais laissé me montrer. Je me suis sentie salie et je me suis jurée que jamais plus il ne me toucherait. J'ai décidé que ma grossesse serait suivie par mon médecin de famille qui a toujours été à mon écoute avec attention et respect.

J'étais également furieuse que ce gynécologue veuille arbitrairement décider du poids que je pouvais prendre pendant ma grossesse ? Chaque femme est différente, certaines prennent huit kilos en neuf mois et d'autres, peut-être la majorité d'ailleurs, en prennent beaucoup plus.

Je ne dis pas qu'il faut se jeter comme une goinfre sur la nourriture, mais envisager un régime pendant la grossesse me paraît la pire des choses à faire, cela n'aura sans doute pas de conséquence sur l'enfant, mais il faut penser aux carences dont risque de souffrir la jeune maman après l'accouchement, le manque de fer, la perte des cheveux, l'anémie, etc. Surtout si elle décide d'allaiter, car le corps de la femme donne la priorité à l'enfant et au lait au détriment des besoins essentiels de la mère.

A la fin de ma deuxième grossesse, mon médecin m'a conseillé de consulter un gynécologue de l'hôpital pour l'accouchement, d'autant plus que l'enfant se présentait en siège. J'ai alors choisi le gynécologue qui avait suivi l'accouchement de ma belle-sœur et qui, d'après elle, avait été vraiment à son écoute.

L'attente avant la consultation fut courte et le contact avec le médecin chaleureux jusqu'à ce qu'il me demande pourquoi je l'avais choisi parmi d'autres médecins. Quand je lui expliquais que j'avais refusé de revoir le premier médecin, il me dit qu'il allait être obligé d'écrire une lettre d'excuse à cet homme pour lui avoir "dérobé" une patiente. Il hésitait à accepter de m'aider à accoucher de peur d'avoir des conséquences graves dans son travail.

Il finit par accepter de me garder comme patiente car un accouchement en siège l'intéressait puisque je refusais la césarienne dans la mesure du possible.

La salle d'accouchement était pleine de monde, surtout des hommes, professeurs ou étudiants en médecine, qui venaient profiter de ce rare spectacle, une naissance en siège par les voies naturelles. J'ai vraiment eu l'impression d'être en scène avec plein de spectateurs autour.

Bref, le moment de l'expulsion arriva enfin, le médecin me dit de pousser pendant toute la durée des contractions et de me reposer un peu le reste du temps. Pour m'aider, je m'accrochais aux poignées disposées de chaque côté du lit à cet effet. J'en ris maintenant, mais cela ne m'a pas paru si drôle sur le moment, les poignées ne tenaient pas et n'arrêtaient pas de s'arracher, je n'avais donc pas de point d'appui. J'avais beau m'accrocher à la main de mon mari, je lui faisais mal sans arriver à m'aider dans ma poussée.

Au bout de trente minutes, le bébé n'était toujours pas sorti. Un médecin "spectateur" n'arrêtait pas de dire : "il faut la césariser, elle n'y arrive pas". Le gynécologue, que j'avais choisi, a fini par se fâcher et lui dire : "c'est mon accouchement (sic, c'était plutôt le mien !), fermez-là, elle va y arriver." chaleureuse ambiance !

J'ai donc essayé de pousser le plus longtemps possible et pas seulement le temps des contractions. Le bébé est alors sorti en quelques minutes. La salle d'accouchement s'est enfin vidée de tous les voyeurs, le spectacle était terminé, mais je n'ai pas eu droit aux applaudissements...

Par contre, pour mon dernier accouchement, j'ai vécu le rêve comparé aux deux premiers. Nous étions seuls, mon mari et moi, dans une salle calme avec une adorable sage-femme qui a tenu compte de mes besoins et de mes remarques, qui m'a posé des questions et a respecté mes choix.

J'ai enfin pu bénéficier d'une péridurale dosée juste pour atténuer la douleur, me permettre quand même de ressentir les contractions et de pousser efficacement. Je n'ai pas subi d'épisiotomie alors que le bébé faisait presque quatre kilos, pourtant je n'ai pas eu de déchirure. J'ai à peine poussé trois fois comme me le conseillait la sage-femme, le bébé est sorti comme une fleur.

J'étais même surprise de ne pas avoir à forcer plus longtemps.

Quand la sage-femme allait partir, je l'ai alors rappelée pour lui dire du fond du cœur un grand merci, en ajoutant que grâce à elle, j'avais vécu le meilleur accouchement de ma vie, elle en était toute émue, pas habituée à recevoir ce genre de remerciement.

Alors, pourquoi laissons-nous ces hommes s'occuper de nos accouchements, assister en voyeur à ces moments d'intimité qui concernent les couples et les sage-femmes ? Pourquoi y a-t-il si peu de femmes gynécologues ? Peut-être que si nous refusions de consulter les gynécologues de sexe masculin et surtout ceux qui nous traitent comme du bétail, nous pourrions exercer une pression sur eux ?

A nous de choisir, si nous voulons une écoute, une attention féminine pour le suivi de notre grossesse et l'accouchement ou la précision technique et inhumaine de ceux de ces hommes qui ne voient en nous que des machines reproductrices.

Je sais que, pour beaucoup de couples, il est difficile d'avoir des enfants et j'ai des amis dans ce cas. Les causes sont diverses, allant de la pollution aux slips trop serrés, au stress, aux contraceptifs pris longtemps et certainement d'autres causes non encore connues ou définies. Il suffit de fréquenter les hôpitaux où sont pratiquées les inséminations artificielles et les fécondations in-vitro pour être impressionné par la quantité de personnes qui ont des problèmes pour avoir un enfant, sans parler des demandes d'adoption qui dépassent largement les quantités d'enfants "adoptables". Pour faciliter la procréation et donc le renouvellement des générations, il serait judicieux de prendre en compte les besoins des femmes enceintes, des nouveau-nés et des parents.

J'ai eu la chance de pouvoir garder mes enfants jusqu'à ce qu'ils aient plus d'un an en les habituant, progressivement, à mon rythme autant qu'au leur, à la halte-garderie, je crois donc qu'il serait utile d'allonger également la durée du congé maternité après la naissance au minimum jusqu'au quatrième mois de l'enfant. A mon avis, ceci permettrait une meilleure relation parents/enfants, il y aurait plus de place dans les crèches, cela permettrait aux mères qui reprennent le travail d'être moins perturbées et donc plus concentrées sur leur tâche.

Je sais, cela ne va pas dans le sens de notre économie de marché et de production et cela ne va pas contribuer à améliorer la place des femmes dans les entreprises. Mais, malgré tout, je suis persuadée que les enfants sont notre avenir, que tout ce qui contribue à les accueillir dans de bonnes conditions est important, et les "patrons" sont souvent des parents ou des grands-parents bien qu'ils ne veuillent pas toujours le reconnaître.

La loi évolue lentement puisqu'elle accorde maintenant un congé de quinze jours au père pour la naissance de son enfant. Je crois que c'est, en effet, le minimum nécessaire à l'apprentissage de la paternité. Je reconnais que les hommes ont plus de difficultés à se sentir pères car, malgré les échographies qui permettent de visualiser le fœtus, et les sensations des mouvements du bébé quand ils posent la main sur le ventre de leur compagne, ils n'ont pas le ressenti de la future maman qui mesure physiquement l'évolution du bébé et qui le met au monde.

Je pense que la présence du père dans la salle d'accouchement est très importante, du moins pour les hommes qui s'en sentent capables, j'ai énormément apprécié que mon mari soit à mes côtés pour mes deux derniers accouchements, mais ils ne peuvent qu'assister et accompagner la mère qui travaille en synergie avec le bébé pour sa mise au monde.

Pour moi, la naissance d'un enfant est un moment très fort, très intense, qui marque à vie. Il suffit qu'une femme enceinte commence à parler avec d'autres femmes pour déclencher tous leurs récits d'accouchements jusque là enfouis au plus profond de l'intimité.

Puis, lorsqu'un nouveau papa porte son petit enfant dans les bras, il commence alors à entrevoir la réalité de son changement d'homme à père. Mais l'univers hospitalier, qui enferme quelques jours la femme avec son enfant, coupe la relation naissante, celle-ci ne pourra réellement commencer qu'avec l'arrivée du bébé dans le foyer familial. Je ne dis pas cela pour attaquer le séjour en maternité après la naissance, il est utile pour la santé de l'enfant et son suivi médical, mais ceux qui croient qu'il permet à la femme de se reposer se trompent cruellement.

Mon expérience du séjour en maternité m'a refroidie : réveillée à six heures du matin pour prendre ma température, nourrie aux heures décidées par le personnel de l'hôpital et non en fonction de mes besoins réels de mère allaitante, mon enfant lavé à heure fixe même quand il dormait profondément, j'ai dû en plus composer avec une autre mère dans la même chambre avec les problèmes d'intimité que cela peut donner. Quand un des bébés dormait, l'autre pleurait et nous empêchait de dormir.

Les visites se succédaient, pour l'une ou pour l'autre, nous empêchant de dormir dans la journée alors que la nuit avait été si courte puisque coupée par les tétées. Pire, quand un des bébés est nourri au biberon, celui-ci est porté toutes les trois heures que tout le monde dorme ou pas (moins maintenant car certaines maternités ont opté pour le biberon à température ambiante et fournissent la quantité nécessaire pour la nuit en début de soirée). Pour peu que l'enfant nourri au biberon soit plus ou moins goulu, comme c'était le cas pour le bébé qui était dans la même chambre que moi pour mon deuxième enfant, il n'aura pas assez du biberon apporté et pleurera jusqu'à la prochaine livraison.

Vous allez dire que je dresse un tableau bien sombre, mais interrogez d'autres femmes qui l'ont vécu. Elles seront d'accord avec moi sauf si elles ont eu la chance d'obtenir une chambre particulière (ce qui est à mon avis de plus en plus rare).

La petite enfance est un moment magique pour les parents, j'ai pu voir mes bébés évoluer, grandir presque à vue d'œil. Chaque jour marque une nouvelle étape, une relation plus riche, l'apparition de petits gestes, une meilleure compréhension entre le petit être et ses parents, du moins c'est comme cela que je l'ai vécu.

Chacun de mes enfants a été différent des autres, chacun m'a appris qu'avec une écoute mutuelle attentive, on peut créer une intimité très profonde et respectueuse. Ma relation avec mes enfants m'a fait grandir car je me suis rendu compte du potentiel d'amour et de confiance que je contenais en observant comment un bébé l'incarne pleinement dès la naissance. C'est un petit soleil qui rayonne et qui nous bénit de sa présence totale.

Dommage que l'éducation que j'ai reçue autant dans la vie sociale que familiale me l'ait fait oublier si longtemps... Le monde extérieur m'a obligée à me protéger, à m'adapter pour survivre tant que je n'avais pas la force de m'imposer telle que je suis vraiment, je sais que ce n'est pas facile de retrouver qui l'on est, mais, en même temps, c'est le chemin vers la joie.

En grandissant, les enfants subissent leur entourage et, même avec la meilleure volonté du monde, il est plus que difficile, voire quasi-impossible, d'être des parents parfaits. D'abord parce que nous sommes humains, donc faillibles, ensuite parce que nous subissons également les contraintes de la société dans laquelle nous vivons.

Nous ne savons plus respecter le rythme naturel de nos vies, ni celui de nos enfants. Je sais que les centres aérés et colonies de vacances ont été créés pour aider les parents et qu'ils sont bien utiles. Mais je pense aussi à ces enfants sans cesse obligés de se lever tôt pour courir d'un endroit à l'autre même pendant les vacances, quand respecte-t-on leur équilibre naturel et leur sommeil ?

Vous allez me dire, je ne le respecte pas pour moi non plus ! Eh bien, c'est un tort, je trouve que respecter son propre rythme, dormir quand on a sommeil, manger quand on a faim, boire quand on a soif, est la chose la plus naturelle, cela devrait être un droit inaliénable comme la liberté (même si celle-ci n'est pas encore respectée partout dans le monde).

Quand je respecte mon rythme biologique, je suis en bonne santé, même en pleine forme et je ne creuse plus le trou de la sécurité sociale, ni celui de ma tombe plus tôt que prévu !

Sous la pression de notre société de consommation, je suis fière d'essayer de contrôler mes fonctions vitales, en restreignant mon appétit afin de mincir ou en me contraignant à des exercices physiques épuisants afin de rester soi-disant en forme ou enfin en restant debout alors que je suis fatiguée. Pourtant je sais que je ne peux le faire impunément. Toutes les maladies et affections diverses dont je souffre viennent en partie de mon manque de respect envers mon corps, soit parce que je le pousse trop, soit parce que je ne l'écoute pas.

Alors, il serait peut-être judicieux d'éviter ce genre de désagréments à mes enfants. Je sais qu'il est déjà difficile, quand on vit en société, de respecter ses propres rythmes, mais au moins pendant les vacances et les moments à la maison, c'est déjà un début.

Ma mère m'a toujours dit que si les femmes n'étaient pas machos, les hommes ne le seraient plus. Je pense que ce n'est pas totalement vrai car les pères influencent aussi les enfants. Mais, malgré tout, si les mères traitaient les garçons comme les filles pour tout ce qui concerne les tâches ménagères, je pense que la société évoluerait vers une plus grande compréhension homme/femme et une plus grande égalité.

Cela commence par les jouets, les catalogues de Noël sont encore orientés de manière sexiste puisque les jouets de fille sont souvent des mini-outils de travail ménager : balai, aspirateur, fer à repasser, table à langer, machine à laver, cuisine ou bien des accessoires de maquillage alors que les jouets de garçons sont des outils de bricolage, des véhicules de travaux publics, des armes de guerre, des voitures et des jeux de construction.

Alors j'avais trouvé une solution de résistance passive efficace, mes trois garçons ont reçu des jouets de toutes sortes : des dînettes, des poupées style Barbie comme style Action Man avec les vêtements, des poupons, une cuisine, un kit ménage, un aspirateur, des voitures, des tracto-pelles et autres bulldozers, des animaux de la ferme, des legos et autres jeux de construction, la maison de poupée et le garage des voitures, etc. Quand ils consultaient les catalogues, ils choisissaient, non en fonction du "sexe" affiché, mais en fonction de leurs envies.

Je reconnais que leur grand-père a un peu tiqué quand son petit-fils lui a demandé une Barbie pour Noël, mais quand sa femme a eu l'idée de prendre le cheval avec, il a, sinon compris, du moins accepté.

L'argument : "Tu vas en faire un homosexuel" m'a fait sourire. A mon avis, on ne le devient pas à cause de jouets... Et puis, si j'avais des enfants homosexuels, je les aimerais et les accepterais exactement comme ils seraient. Mon aîné, qui a maintenant vingt-neuf ans, est passionné de ski, de skate-board, de guitarre, de moto-cross et a une compagne, je ne crois donc pas que sa maison de poupée l'ait traumatisé !! Quant à ses deux frères, ils sont eux aussi épanouis et heureux avec chacun leurs passions, c'est la seule chose qui compte pour moi.

Dans les familles comportant garçon et fille, les enfants jouent avec les jouets de l'autre tout naturellement et sans que cela pose de problème. Par contre, les familles ne comportant que des garçons ou que des filles n'ont pas cette possibilité, c'est pourquoi je pense qu'il n'est pas judicieux de les priver de jouets qui permettent leur ouverture d'esprit.

Je demande également à mes enfants de mettre la table, de la débarrasser, de ranger et de faire un peu de ménage dans leur chambre afin de leur apprendre les rudiments de base de l'entretien d'une maison. Ils en auront besoin quand ils nous quitteront pour vivre dans leur propre foyer. Je leur donne également, quand ils sont présents, au moment opportun, des petits cours de cuisine, de ménage et de bricolage afin qu'ils deviennent autonomes.

La plupart des gens trouve normal d'apprendre aux enfants à s'habiller, à se chausser, à se laver, à se comporter en ville, à conduire quand ils grandissent. Je pense qu'il est également normal de leur apprendre à vivre et à se débrouiller seul dans une maison car nul ne sait ce que l'avenir leur réserve. Mon fils aîné a appris à recoudre ses boutons, repriser un pantalon déchiré et faire des ourlets car je n'étais pas toujours là pour l'aider.

J'éduque mes enfants pour les rendre aussi autonomes et capables que possible, j'essaie de leur donner la possibilité de faire les études qui les intéressent, de trouver un "bon métier", c'est à dire une profession où ils iront travailler la joie au cœur, et de trouver un toit pour vivre qui leur convienne.

Pourquoi condamner les filles à devoir attendre qu'un homme s'occupe d'elles alors qu'elles risquent de se retrouver veuve ou divorcée ? Si j'avais des filles, je serais quand même plus fière d'elles si elles avaient un métier épanouissant et la capacité de s'occuper de leur maison autant pour les travaux ménagers que le bricolage sans avoir besoin de lier leur vie à quelqu'un qu'elles n'aimeraient pas sous prétexte que, sinon, elles ne sauraient pas se débrouiller.

De même, pourquoi condamner les garçons à devoir attendre pour quitter le cocon familial qu'une femme prenne soin d'eux. Car, seuls, ils pourraient mourir de faim ou vivre dans une porcherie ?

Mon rêve est que mes enfants soient capables de marcher seuls et la tête haute, de choisir leur vie, leurs métiers, leurs opportunités et leur partenaire par amour et non par besoin.

Du travail

Pourquoi lit-on, dans la Bible publiée de nos jours en France, que Dieu a créé Eve en utilisant une côte d'Adam alors que la traduction exacte du texte hébreu originel dit qu'Eve est l'autre côté d'Adam, symbole de l'Humain !!! (cf Annick De Souzenelle, L'arc et la flèche, Editions Albin Michel). Je suppose que cette traduction arrangeait la société patriarcale de l'époque et que les traducteurs n'avaient peut-être pas les connaissances nécessaires à une bonne compréhension du texte, mais il est temps de nous réveiller car nous sommes des personnes à part entière et non des moitiés d'un autre.

Pourquoi est-il préférable de croire que la femme n'est qu'un morceau au rabais de l'homme alors qu'elle est une compagne égale de l'homme, quoique différente ? J'entendais une jeune femme dire récemment qu'elle voulait redonner leur place aux hommes que les féministes sont en train d'émasculer. J'avoue ne pas avoir compris ce qu'elle entendait par là. Je pense qu'en acceptant et incarnant notre part masculine et féminine, nous serons des êtres complets, hommes ou femmes. Si des personnes doivent aller chercher à l'extérieur ce qui leur manque, c'est qu'elles ne sont pas allées à la rencontre de leur intérieur. Il n'est absolument pas question de devenir des êtres androgynes, j'ai une apparence très féminine, que j'aime beaucoup, et je n'ai absolument pas l'intention de me travestir. Mais mon côté masculin existe, il est même très fort, c'est ce qui m'équilibre.

Par contre, je m'insurge contre le terme, toujours employé par certains de nos jours : "chef de famille", qui est majoritairement attribué à l'homme dans un couple (l' INSEE l'a remplacé par "personne de référence"). Par le plus grand des hasards, je suis le "chef de famille" à la maison, d'abord parce que j'ai un enfant d'un premier mariage, ensuite parce que je suis la plus âgée, mais je pourrais également faire partie des rares femmes qui gagnent plus que leur mari. Cela surprend toujours mes interlocuteurs quand ils me demandent à parler au chef de famille et que je leur réponds qu'ils l'ont au bout du fil. Dans tous les autres cas, et ils sont toujours nombreux, c'est l'homme qui obtient, d'office, le titre.

Je trouve qu'il est temps de changer ce ridicule état de chose et de penser en terme de couple, comprenant donc deux personnes distinctes avec chacune leur spécificité, je me passerai volontiers de mon appellation de chef de famille, je préfèrerai "coresponsable", même si cela paraît un peu lourd. Les informaticiens vont pousser des hauts cris en pensant aux nombreuses lignes de programmes à modifier, mais je suis aussi informaticienne, je sais que ce n'est pas aussi difficile qu'ils veulent bien le dire. On a bien rajouté deux chiffres aux numéros de téléphone, on est passé à l'an 2000 et à l'Euro, alors pourquoi pas une autre modification ? Cela donnera un surplus de travail et qui sait permettra peut être d'embaucher des demandeurs d'emploi…

D'ailleurs, je veux aussi voir mon prénom apparaître à côté de celui de mon mari sur les déclarations d'impôts, les papiers officiels comme sur les chèques.

Aimeriez-vous, Messieurs, vous appeler Monsieur MARTIN Claudine ou qu'on écrive chez vous à Mme et M. MARTIN Claudine ? Je n'en suis pas vraiment sûre !

Et bien, nous le subissons depuis trop longtemps, il est temps de passer à M. MARTIN Pierre et Mme MARTIN Claudine ou Mme MARTIN Claudine et M. MARTIN Pierre, comme bon vous semblera.

J'ai ainsi demandé à mon banquier d'ajouter mon prénom à l'intitulé du chéquier et des relevés de compte. Sa première réaction a été : "Vous êtes féministe ?" J'ai répliqué : "Non, je suis une femme." Il a ensuite promis de faire de son mieux pour répondre à ma demande, mais n'a rien fait en réalité.

J'ai constaté également que pour ne pas froisser la sensibilité de la personne qui reçoit un courrier professionnel, il vaut toujours mieux écrire une lettre commençant par Monsieur. En effet, une femme accepte toujours une lettre adressée à un Monsieur, alors que certains hommes supportent mal de recevoir une lettre adressée à Madame. Ou bien, il suffit d'utiliser le "Madame, Monsieur," qui permet une plus grande flexibilité.

De la même manière, quand je recevais un coup de téléphone dans le cadre de mon précédent travail, la personne qu'elle soit femme ou homme, demandait toujours à parler au gérant, au responsable, voire au directeur, jamais à la gérante, à la responsable ou à la directrice.

D'ailleurs quand je leur annonçais que la personne qu'ils demandent est une femme, j'en surprenais beaucoup. Pourtant dans les entreprises avec lesquelles je travaillais, il se trouvait souvent des femmes à des postes élevés, quand elles n'étaient pas les chefs d'entreprise.

Pourquoi veut-on nous cantonner à des métiers spécifiques ou à la maison alors que beaucoup de femmes ont des capacités plus que suffisantes pour exercer, avec passion et réussite, toutes sortes de métiers à condition qu'elles le désirent ?

Remarquez que les métiers typiquement féminins sont en général des métiers "subalternes" : secrétaire, assistante, infirmière, alors que les métiers typiquement masculins sont "dominants" : médecin, ministre, maire, ingénieur, chef, maître. Même après réflexion, il n'existe pratiquement pas de féminin de ces métiers, médecine ? ministresse ? mairesse ? ingénieuse ? cheffe ? maîtresse ? pour le dernier peut-être mais il n'a pas la même signification, n'est-ce pas ? Il n'y a peut-être que sage-femme qui n'a pas son terme masculin dans les métiers "féminins"

Quand j'ai voulu réfléchir à un métier en terminale, je rêvais d'être pilote d'avion ou capitaine au long cours. Je n'ai pas pu à cause d'un petit problème de vue, mais je n'ai jamais écouté ceux qui voulaient m'en dissuader sous prétexte que j'étais une fille. Je sais que certains vont trouver que j'exagère ou bien que l'explication est historique car, avant, les femmes ne travaillaient pas ou, du moins, elles n'étaient pas vraiment reconnues, comme dans beaucoup de pays encore de nos jours où les femmes sont considérées comme des mineures à vie. Mais tout peut changer et c'est le but de ce livre, car plus nous serons conscientes, plus nous ferons évoluer la société.

Il n'est qu'à considérer ce qui se passe à l'Assemblée Nationale. Il suffit qu'une femme dise quelque chose qui déplait pour que certains députés du sexe masculin crient bien haut qu'elle n'a qu'à rentrer faire la vaisselle et s'occuper de son ménage ! Je n'ai jamais entendu dire qu'on criait ce genre de chose à un député homme !!

Je sais bien que la parité a été votée, mais certains hommes ne sont pas prêts à l'accepter et relèguent les femmes à des places de "potiches". D'ailleurs, il suffit de consulter les listes électorales pour s'apercevoir que, quel que soit le parti, les femmes sont souvent reléguées en fin de liste et ont, donc, moins de chance d'être élues. Parfois, elles se trouvent quand même en tête de liste mais, souvent, dans des circonscriptions qui sont considérées comme "perdues" pour le parti en question. Bien que cela évolue lentement dans le bon sens, je ne suis pas certaine qu'une femme ait des chances d'être élue présidente de la république dans les prochaines années.

Contrairement à ce que pensent certains hommes, il a suffi qu'on ouvre la porte de Polytechnique aux femmes pour qu'une soit major de promotion, je sais donc que les femmes ont également de grandes capacités intellectuelles ! Hélas, elles ne sont pas toujours exploitées, ni même mises en valeur. Nous n'en sommes plus vraiment à "trouve-toi un bon mari", mais j'ai entendu, il y a peu de temps, des personnes qui me conseillaient de chercher un petit boulot de secrétaire à mi-temps alors que j'étais cadre en informatique.

Je ne veux pas dire qu'être secrétaire est déshonorant, loin de là, tous les métiers sont respectables si on y trouve de la joie, mais je n'aime rien d'autre que créer et je ne conçois pas un métier sans une passion, ce n'est pas pour moi, la définition du secrétariat...

J'ai été horrifiée d'entendre un professeur de lycée qui ne comprenait pas pourquoi des filles voulaient prendre l'option Initiation aux Sciences de l'Ingénieur en seconde. Il faudrait peut-être rappeler à ce monsieur qu'il existe de nombreuses femmes ingénieurs...

Mais, pourquoi les femmes sont-elles, plus souvent qu'à leur tour, payées moins chers que les hommes à diplôme égal ?

Je lisais Le Monde Informatique, il y a quelque temps, et un article permettait de calculer son salaire mensuel en fonction de critères de diplôme, de responsabilité, de lieu et de taille d'entreprise. Eh bien, le fait d'être une femme signifiait de diminuer les perspectives salariales de mille six cents Euros. Heureusement, ce n'est pas le cas dans toutes les entreprises.

Alors, certains diront, les femmes font des enfants, elles sont donc absentes de l'entreprise au minimum le temps du congé maternité, souvent plus, ou quand leurs enfants sont malades. Et alors, sans enfant il n'y aurait plus de vie humaine sur terre !! Puis, toutes les femmes n'ont pas d'enfants, du moins pas en bas âge. Mais, même quand les femmes ont déjà leur compte d'enfants et qu'ils sont scolarisés, il y a quand même discrimination. Pourquoi ?

Je pense que certains hommes ont peur de nommer des femmes à des postes de responsabilité par crainte de perdre leur pouvoir ou bien ils les sous-payent pour bien leur faire comprendre qu'elles ont peut-être les responsabilités mais que, quand même, il ne faut pas qu'elles se croient supérieures à eux !

Je suis désolée, mais je pense aussi que nous souffrons, nous les femmes, d'un complexe d'infériorité immense perpétré par notre société et tant que nous ne réagirons pas, ce genre de différence durera.

Dans mon précédent métier de responsable de formation en informatique et de créatrice de logiciels, j'avais souvent affaire à des hommes qui venaient me consulter avec les besoins spécifiques de leur entreprise. Ils ont souvent été surpris de se trouver face à moi.

Quoi, une femme créative ? En plus avec des gros seins, ça perturbe ! Mais, heureusement, dans la plupart des cas, ils finissaient par oublier cet aspect de la question pour ne plus penser qu'à leur problème informatique et aux solutions que je leur proposais.

Il faut dire que je détonnais un peu avec mes tenues bariolées, parfois "hippies", en face de leur costume cravate. Pourtant, après quelques minutes de discussions techniques, ils oubliaient leur première impression et privilégiaient le dialogue de l'intellect. Quant à ceux qui avaient trop de préjugés pour vouloir travailler avec moi, eh bien, ils restaient où ils étaient, je n'allais pas les chercher…

Vous allez dire que je caricature, mais à peine, je vous assure. Le monde du travail est encore plein de restes de patriarcat, particulièrement l'industrie.

Il ne tient qu'aux femmes qui ont la possibilité d'accéder à des postes de décision de les faire évoluer ainsi qu'aux hommes ouverts, qui ont compris que la société fonctionnera mieux en laissant place à tous les talents.

Pour moi, le monde du travail est souvent un milieu plein de rivalité et de stress, pourtant il a besoin de personnes passionnées, joyeuses, aimant leur travail au point de le transformer en "amour rendu visible" (comme le dit Khalil Gibran dans "Le prophète"), afin de permettre à chacun de s'épanouir et de développer son talent unique pour le plus grand profit de tous.

Pour moi, il est pernicieux de vouloir écraser les autres pour réussir, car, au lieu de mettre son énergie au service du travail et de la société, on l'utilise contre d'autres, donc on la gaspille et on n'en a pas assez pour travailler correctement, ni pour se sentir épanoui et heureux.

Je crois que travailler en synergie et mettre toute cette énergie au service des autres permet de faire rémunérer son travail à son juste prix, d'obtenir des satisfactions morales pour tous les membres du groupe, de se sentir utile et apprécié. Tous ces facteurs mènent l'individu, comme son entreprise, à la réussite. Je l'expérimentais tous les jours dans la société où je travaillais.

Je pense que travailler chacun dans son coin, sans vue d'ensemble, avec la rage au cœur, le harcèlement et le stress, mène les individus à la dépression, la maladie et l'entreprise à la faillite. J'ai pu l'observer dans de nombreux cas.

Vous allez dire que je schématise, que depuis toujours les gros écrasent les petits, mais ce n'est pas une fatalité. Des sages (dont Louise L. Hay, dans "Transformez votre vie" aux éditions Marabout) disent qu'il y a toujours une demande pour les services que l'on peut offrir.

Mon objectif était donc de trouver les services que je pouvais proposer. Or la nomenclature des métiers m'a paru limitative, il était donc important de cerner autrement mes capacités et talents.

Pour repérer mes possibilités, j'ai pris l'habitude d'écrire en colonnes et en détail, même si cela n'a, en apparence, aucun rapport a priori avec le travail : premièrement tout ce que je sais faire et que j'aime faire, c'est à dire ce qui m'apporte de la joie ; deuxièmement ce que je ne sais pas encore faire mais que j'aimerai vraiment connaître avant de mourir ; troisièmement ce que je ne veux surtout pas faire, ni plus vivre.

Ma première colonne me donne donc une idée de ce que je suis capable de faire aujourd'hui en comparant mes capacités aux exigences de tel ou tel travail.

La deuxième me permet d'entrevoir mon évolution possible vers d'autres services.

La troisième me permet d'éliminer les métiers qui comportent des éléments figurant dans cette colonne, par exemple, la première ligne comporte toujours mon refus des abus d'autorité, c'est à dire que je n'accepterai plus jamais de travailler sous les ordres d'une personne qui pourrait me demander d'agir contre ma conscience ou qui voudrait me faire travailler dans de mauvaises conditions ou plus d'heures que ce que je suis prête à effectuer.

Je suis persuadée que tant que je me respecte, que je suis à l'écoute de mes intuitions et que je donne le meilleur de moi-même dans mon travail, ce que je fais est non seulement de très bonne qualité mais également utile à mon entreprise.

Mon premier patron préférait embaucher des femmes qui, d'après lui, sont plus rigoureuses, plus attentives que la plupart des hommes. Je ne veux pas basculer dans le sexisme inverse, mais il est temps de reconnaître que nous sommes, au moins autant que nos confrères masculins, des atouts pour l'entreprise. Il est temps également de nous payer à notre juste valeur et non en fonction de notre sexe.

Pour me rebeller contre le sexisme ambiant et bien que j'aie eu la chance de ne jamais avoir à en souffrir dans mes précédents emplois, j'ai choisi de travailler dans une petite structure indépendante qui me donne la possibilité de me réaliser pleinement, de développer la majorité de mes capacités créatrices en pleine synergie avec l'autre salariée.

Si vous souhaitez créer vos propres colonnes afin de décider si votre emploi actuel vous suffit ou non, voici une partie de ce que contiennent les miennes. Qu'elles ne vous servent pas de modèles, elles sont personnelles, donc uniques. Mais peut-être vous permettront-elles de mieux définir les vôtres ?

Ce que je sais faire et que j'aime faire

- Gérer régulièrement les comptes bancaires familiaux en débitant en début de mois toutes les charges fixes et en provisionnant les charges variables (ce qui veut dire que je sais gérer les comptes d'une entreprise)

- Effectuer les listes et les courses hebdomadaires en prévoyant les repas familiaux et les éventuelles invitations, les besoins en vêtements, fournitures scolaires, etc, en fonction des revenus de la famille tout en tenant compte de l'équilibre des repas et des goûts de chacun (ce qui veut dire que je sais gérer les achats d'une société)

- Gérer les factures, les impôts, les diverses déclarations fiscales, la sécurité sociale, la mutuelle et la caisse d'allocations familiales (ce qui veut dire que je sais gérer le contact avec les clients, les fournisseurs, les organismes sociaux et fiscaux d'une entreprise)

- Créer, utiliser mon imagination de manière concrète, aussi bien pour dessiner les plans d'une maison que pour cuisiner ou bien pour décorer la maison ou pour m'habiller ou pour inventer des histoires pour les enfants (ce qui veut dire que je peux utiliser mon talent créatif au travail plutôt que passer beaucoup de temps à effectuer des tâches répétitives et sans imagination)

- Ecrire de manière correcte, avec une bonne orthographe, de manière compréhensible par mes interlocuteurs (ce qui me permet d'écrire ce livre, mais également des manuels de cours pour l'organisme de formation qui m'employait, des cours et activités pour mon travail actuel de professeur de mathématiques ou d'autres ouvrages nécessaires dans le cadre de mon travail)

- Etre en contact avec d'autres personnes (ma famille, mes amis ou tout ceux que je côtoie habituellement), les écouter, les comprendre, les conseiller si nécessaire (ce qui me permet de recevoir des clients, de cerner leurs besoins et leur proposer des solutions efficaces et aussi de m'occuper des élèves en classe)

- Résoudre des problèmes de la vie quotidienne, trouver des solutions, mettre à plat tous les éléments d'une situation de façon à prendre du recul, pouvoir jeter un regard neuf et ouvert sur les choses (ce qui me permet de trouver des solutions aux problèmes des clients avec plus ou moins d'originalité)

- Apprendre, utiliser ma curiosité dans tous les domaines qui m'intéressent (ce qui me permet d'augmenter mes capacités ou de les mettre à jour)

Ce que je ne sais pas encore faire et que j'aimerai faire

- Avoir confiance en moi quelle que soit la situation (je lis donc des livres à ce sujet, je m'inscris à des stages de formation, je suis une thérapie en développement personnel)

- Cesser de me sentir responsable de tout et coupable quand je n'arrive pas à réaliser quelque chose (je me suis peut-être donné des objectifs trop élevés ou qui ne me conviennent pas...)

- Relativiser les événements que je vis (je n'ai qu'à utiliser la capacité de prendre du recul que je possède pour mon travail et décortiquer la situation comme s'il s'agissait d'une autre que moi ou bien appeler une amie pour qu'elle me donne son regard qui sera certainement plus objectif que le mien)

- Respecter toutes les parties de moi, y compris celle qui a besoin de sécurité, celle qui a besoin du groupe, celle qui a besoin d'indépendance, celle qui a besoin de créativité, celle qui a besoin d'écrire, etc.

- M'accepter telle que je suis (je sais que je ne peux le faire seule, donc j'utilise toutes les aides possibles, des livres, des formations, des suivis thérapeutiques, mes amies et amis...)

- Me respecter dans toutes les situations.

Ce que je ne veux surtout pas vivre

- Subir une autorité abusive (je fais le choix des personnes qui sont hiérarchiquement placées au-dessus de moi, si elles ne me conviennent pas, je change de travail. Cela peut paraître difficile mais il suffit parfois de croire que c'est possible pour trouver des solutions)

- Travailler trop d'heures (j'ai trois enfants avec lesquels j'ai envie de passer du temps, des passions en dehors de mon travail comme la lecture, le chant, l'écriture, j'ai besoin de me retrouver, me reposer pour pouvoir être efficace au travail, donc j'équilibre le temps professionnel et privé de façon à me sentir bien)

- Travailler dans un lieu triste et froid (je décore ma classe avec des posters colorés, des travaux de géométrie artistique, dans mon bureau à la maison, je fais une pause café, thé ou tisane de temps à autre ce qui me rend joyeuse, détendue et efficiente)

Que tirer de ces colonnes ? Eh bien, j'ai pu enfin refuser de travailler dans des conditions qui n'étaient pas propices à mon épanouissement professionnel pour mon plus grand profit mais également celui de mon entreprise.

Les personnes qui venaient se former dans nos locaux étaient surprises de l'ambiance agréable et détendue qui y régnait, elles apprenaient mieux et plus rapidement que ce qu'elles avaient l'habitude de faire, elles étaient émerveillées de nous voir rire et sourire si souvent. Les demandeurs d'emploi qui venaient se former étaient généralement déstabilisés, peu sûrs d'eux-mêmes en début de stage. Une bonne partie retrouvait confiance en ses capacités au fur et à mesure de la formation, était souvent redynamisée et plus apte à retrouver rapidement un emploi.

J'ai pu changer de travail quand il a fallu fermer l'entreprise et trouver une voie parallèle, celle de professeur à domicile au départ, puis professeur remplaçante et finalement, après obtention du Capes interne, professeur titulaire de mathématiques.

Je trouve qu'on parle beaucoup des trente-cinq heures, mais c'est souvent une utopie, surtout chez les cadres, en particulier dans le monde de l'informatique. Là encore, je pense que les femmes sont pénalisées, car elles doivent souvent travailler encore plus qu'un homme pour qu'on les considère capables d'assumer leur poste.

Pourtant il est possible de trouver des arrangements avec sa direction et d'effectuer aussi des temps partiels. Un argument, qui demande un peu d'ouverture d'esprit, est qu'un employé heureux travaille mieux, s'investit plus, est plus souriant, de compagnie plus agréable et a donc de meilleurs résultats qu'une personne stressée et fatiguée. J'ai pu l'expérimenter au cours des dernières années.

Un argument à connaître est qu'un salarié à temps partiel fait bénéficier son entreprise de réductions de charges Urssaf, qu'il est donc moins onéreux, je l'ai utilisé pour mon travail précédent.

Je parle beaucoup du travail car je n'envisage pas ma vie sans cela, j'ai besoin de travailler pour m'épanouir, mais je n'envisage pas non plus de passer tout mon temps loin de mon foyer, c'est pour cela que j'ai opté pour un temps partiel.

J'ai des enfants, je pense qu'ils ont besoin de ma présence à leurs côtés régulièrement. Je m'arrange pour passer la plus grande partie des vacances scolaires en leur compagnie. C'est également pour cela que j'avais pris un congé parental même si, financièrement, c'était parfois un choix difficile.

Je pense que les femmes qui choisissent de rester à la maison sont courageuses car elles sont souvent dénigrées par leur entourage. Pourtant, elles travaillent sans rémunération, avec peu de reconnaissance. Quand j'entends des femmes au foyer répondre : "Je ne travaille pas, je suis à la maison, je m'occupe de mes enfants.", cela me surprend toujours car je sais la somme de travail que représentent l'entretien d'une maison et l'éducation des enfants.

Bien sûr, beaucoup de femmes travaillent à l'extérieur et assument également les tâches ménagères et les enfants. Mais je suis persuadée que si elles avaient vraiment le choix, elles préféreraient réduire l'entretien de la maison au minimum ou le faire faire par quelqu'un d'autre. De plus, la qualité de la relation avec leurs enfants n'est pas toujours optimum quand elles jonglent avec les courses, le ménage, le travail et les enfants.

J'ai l'impression, au travers de reportages télévisés, que de plus en plus de pères prennent le congé parental et même, certains, restent à la maison sans solde pour garder les enfants. C'est également courageux.

C'est pourquoi, je suis certaine qu'un changement radical doit s'effectuer dans notre rapport au travail. Il est normal de pouvoir avoir le choix, d'être libre de notre manière de vivre notre travail, nos relations avec nos compagnons et compagnes, avec nos enfants dans le respect des autres. C'est la première des devises françaises : **Liberté**.

Je suis certaine qu'une société qui favoriserait autant le travail à l'extérieur que le travail au foyer par une vraie reconnaissance de la réalité des tâches ménagères et de l'éducation des enfants, permettrait à chacun de faire son choix. Il serait possible d'alterner les périodes de travail en entreprise et à la maison en fonction de nos envies et de nos besoins en respectant nos rythmes...

De la vie de couple et des tâches ménagères

J'étais, ce matin-là, en train d'écouter la radio dans ma voiture en venant travailler et je chantonnais une chanson à la mode. Oui, j'adore chanter, mais je fais de plus en plus attention aux paroles. Là encore, j'entendis la chanteuse se plaindre en musique qu'elle avait besoin de ce garçon pour vivre. Cela m'a interpellé. Je pense que l'amour est différent du besoin. J'aime très fort mon mari, mais, je suis désolée, ou plutôt non je ne suis pas désolée du tout, je n'ai pas besoin de lui pour vivre.

Vivre avec lui me fait plaisir, j'adore me rendre heureuse et partager mon bonheur avec lui, j'adore passer en sa compagnie des moments de complicité, de tendresse et d'intimité. J'aime qu'il soit présent à mes côtés quand j'ai envie de lui parler, j'aime qu'il me fasse part de ses solutions quand je suis aux prises avec un problème, car il sait souvent me donner un autre aspect de la situation.

Mais, s'il n'était pas là, je vivrais quand même, je continuerais à respirer, à entretenir ma maison, à m'occuper de mes enfants, à bricoler, à chanter, à lire et à écrire. Ma vie serait sûrement différente, je le reconnais, mais elle continuerait.

Comprenez-le bien, à mon avis, personne n'est indispensable, la vie continue. Avec, peut-être, d'abord le désespoir, la tristesse ensuite, puis la mélancolie, mais, finalement, le nouveau reprend sa place dans la joie et les beaux souvenirs restent.

Il en est de même avec les parents et les enfants, je pense que personne n'est indispensable, le but de chacun est de vivre sa vie le mieux possible car, comme le dit Pascal Obispo : "on ne vit qu'une vie à la fois". Tant qu'à faire, autant vivre bien et penser à se rendre heureux en pratiquant des activités qui nous donnent de la joie, en fréquentant des gens qui nous font rire, nous émeuvent et nous enrichissent, en appréciant chaque moment.

Car, à mon idée, rêver d'un futur n'est pas vivre, c'est dormir. Par contre, je pense que tout tenter pour vivre ses rêves est un but plus qu'honorable à condition de le faire dans le respect des autres êtres humains et de la vie.

Or, je crois que, nous, les femmes, sommes ou essayons d'être des super-women, à fond au travail, super-ménagères et cuisinières, super-mamans et super-épouses. Oui, mais la femme là dedans, où est-elle passée ? Quand prend-elle le temps de vivre, de se faire plaisir et de se reposer ?

Je sais que, si je vis ainsi, à fond, à fond, à fond, que je ne m'écoute jamais, je ne suis pas épanouie, je ne suis pas heureuse, et je ne peux donc pas offrir mon bonheur à ceux que j'aime.

Je crois qu'à moins de faire un gros travail sur nous-mêmes pour définir nos priorités, il nous est impossible de vivre réellement, nous sommes sans arrêt harcelées par les autres, tous ceux qui ont besoin de nous, ou par notre vision de la vie.

Pourtant, il est possible de vivre et de se reposer même si la maison est sale, mal rangée ou si le repas n'est pas prêt. Ce n'est pas forcément facile, mais le reste non plus…

Un peu de poussière sur les meubles, une tache ou plus par terre, des lits pas faits, un bac à linge sale qui déborde, et alors ? Si je mourais à cet instant, ça resterait comme ça, ce ne serait pas le plus grave pour mes enfants et mon conjoint, n'est-ce pas ?

Il m'arrive de lire tranquillement installée dans un fauteuil alors que ma maison est sale, le linge n'est pas lavé, les enfants sont en train de se disputer et l'heure du repas approche. Je le répète, et alors ? Ces instants de lecture me sont précieux, ils font partie de mes moments de joie et de détente, ils sont donc pour moi plus importants que le ménage, la lessive et la cuisine.

N'allez pas penser que je ne fais jamais rien, mais je limite les tâches ménagères au minimum. Si ça ne plaît pas à mon conjoint, il n'a qu'à le faire ou partir ou me remplacer par une autre... Apparemment, ce n'est pas le cas donc je suppose qu'il s'en satisfait ! Je passe beaucoup de temps à exprimer ma créativité par la sculpture, la poterie, la peinture sur verre ou sur tissu, le patchwork, le tricot, l'écriture, cela me comble. Je suis donc plus souriante, plus ouverte, plus agréable qu'avant, quand je sacrifiais presque tout mon temps à l'entretien de la maison, du linge, à la cuisine et aux diverses obligations. L'ambiance familiale est donc détendue la plupart du temps et je pense que nous nous sentons, tous, plutôt bien.

Je sais que nous sommes nées nues comme les petits garçons et non pas avec un balai et une serpillière à la main, n'en déplaise à certains ! Ni avec des casseroles non plus… Pourtant, je sens que les femmes sont capables de génie et de créativité, simplement la plupart d'entre elles ont du mal à se mettre en avant, elles restent discrètement dans l'ombre.

Je leur dis : "Cela suffit, il est temps de venir au grand jour et de dévoiler tous ces trésors que vous contenez."

C'est pour vous (comme pour moi) que j'écris ce livre, car nous ne pouvons plus dire : "Pour vivre heureux, vivons caché". Pour moi, c'est l'inverse, nous ne pourrons nous développer dans l'ombre, comme les plantes qui meurent à petit feu par manque de soleil, nous avons besoin de la lumière pour vivre.

Dans ce début de millénaire où la communication est facile et rapide, il est temps de révéler votre richesse intérieure, d'en faire profiter le monde.

Quand j'étais adolescente, je me cachais, j'espérais toujours trouver un trou de souris où me dissimuler, j'avais l'art de me rendre invisible, je ne participais pas en classe alors que je pouvais répondre aux questions. Pire, je redoutais plus que tout d'être mise en avant, passer au tableau était une épreuve digne des pires tortures. J'ai longtemps gardé cette habitude, me fondant dans le décor pour qu'on ne me remarque pas, ne m'exprimant jamais même si les personnes qui m'entouraient disaient des mots qui me faisaient bondir intérieurement. Je passais mon temps à m'adapter à toutes les situations dans lesquelles je me trouvais en me faisant la plus discrète possible.

C'est ce qui m'a poussée à effectuer une thérapie. J'avais été licenciée de mon entreprise avec la majorité des employés du siège social et je songeais à me reconvertir dans la formation informatique. Cela impliquait donc que je sois capable de parler devant des inconnus sans perdre mes moyens, que je puisse leur expliquer les éléments qu'ils ne comprendraient pas. Or, j'étais quasiment incapable de prononcer trois mots devant des personnes que je ne connaissais pas. Il a bien fallu que je trouve une solution pour avancer, j'étais mère célibataire, j'avais une maison à payer, je ne pouvais pas fermer les yeux et essayer de me rendormir.

En apprenant à m'accepter, à m'aimer, à avoir confiance en moi et en la vie, j'ai pu, non seulement créer tous les éléments nécessaires à ma nouvelle activité (programme des cours, exercices, etc), mais également les enseigner de manière intéressante pour les stagiaires. Il m'a fallu à peine trois mois pour passer de la Myriam transparente et invisible à la professeur performante et à l'écoute.

J'ai pourtant dû attendre plusieurs années avant d'appliquer dans ma vie privée ce que je faisais de mieux en mieux dans mon travail. Pourquoi ? Je ne sais pas, certains blocages sont plus difficiles que d'autres à éliminer, j'avais peut-être l'impression d'avoir moins de risques dans ma vie professionnelle que dans ma vie privée. J'avais certainement posé tant de masques sur mon vrai moi, qu'il était nécessaire de prendre le temps de les enlever un par un.

Maintenant, je pense avoir réussi à me dévoiler en grande partie professionnellement et dans ma vie privée. Sans doute pas encore entièrement dans ma vie sociale, mais j'y travaille. Le problème est que les relations entre les autres et moi deviennent parfois inconfortables, il est plus facile d'être face à une personne qui ne réagit pas que face à une qui s'oppose. Je donne mon opinion sans attaquer mes interlocuteurs et en précisant que je respecte leurs positions, mais la plupart des gens ont du mal à accepter que les autres aient des idées différentes, ils essaient alors de les convaincre du bien-fondé des leurs. Je ne cherche à convaincre personne, je veux juste m'exprimer, montrer que nous n'avons pas tous les mêmes conclusions. C'est là la richesse des êtres humains.

J'utilise Internet pour aller sur des forums, il y a sûrement quelqu'un quelque part qui aura plaisir à lire mon message ou qui y réagira. Je suis certaine d'avoir ma place dans le fonctionnement de la planète, j'ai des choses à dire et il y aura sûrement des yeux pour les lire ou des oreilles pour les entendre.

Des quantités d'enfants et d'adolescents se suicident en ce moment car ils ont perdu le goût de vivre dans notre société. Montrons-leur que la vie vaut la peine d'être explorée, goûtée, dégustée comme une glace au chocolat ou un gâteau (pour les gourmands), comme un air de musique cristallin (pour les mélomanes), comme une poésie (pour les littéraires), enfin comme un grand bol d'air pur et de liberté.

Montrons-leur la beauté qui les entoure, la petite fleur qu'ils frôlent sans la regarder, le ciel qu'il soit bleu pur nuancé de nuages de toutes les teintes de blancs et de gris ou qu'il soit d'orage avec toutes les couleurs grises, violettes, bleu sombre jusqu'au noir, le sourire sur le visage du passant qu'on a laissé traverser au passage piéton et qui en reste reconnaissant et ébahi.

Vous avez oublié de regarder ces détails vous aussi ? Qu'à cela ne tienne, vous pouvez commencer dès maintenant.

Vous avez des soucis ? Et alors ? Est-ce si important qu'on s'en souviendra encore dans les manuels d'histoire dans mille ans ?

Vous êtes triste ? Bien sûr, il y a toujours des raisons de l'être et autant également d'être gai !

Vous avez perdu un être cher ? Rappelez-vous l'amour que vous avez partagé avec cette personne, toute la joie que sa présence à vos côtés vous a apportée. Ça en valait la peine n'est-ce pas ? Vous avez eu de la chance de la rencontrer, de faire un bout de chemin ensemble ? Auriez-vous préféré vous priver de ces doux moments pour ne pas avoir à souffrir maintenant ?

Votre travail vous déplaît ? Eh bien, faites vos trois colonnes, vérifiez si ce métier comprend bien toutes les composantes de ce que vous attendez et aucune de ce que vous refusez. Si cela ne correspond pas, il est temps de commencer à chercher ailleurs et de prendre votre mal en patience en attendant.

J'adore ce dicton : "Il n'y a pas de problème, il n'y a que des solutions." C'est exactement ce que je ressens au fond de moi.

Votre enfance a été perturbée ? Votre vie a été difficile ? Rassurez-vous, vous n'êtes pas les seuls. Cela ne vous console pas ? Bien sûr, mais ce que je veux vous dire, c'est que vous pouvez quand même vous en sortir, tirer des leçons du passé et vous retrouver plus fort, plus heureux, plus serein. Peut-être pas tout seul, un suivi thérapeutique, des amis éclairés, des livres significatifs peuvent vous aider sur la voie de la guérison.

Un ami m'a dit et je l'ai lu dans quantité de livres : "Quand l'élève est prêt, le maître arrive.", je peux vous confirmer que c'est vrai. J'ai, moi aussi, eu une enfance comportant des épreuves difficiles, un divorce, le chômage, des amis qui m'ont oubliée ou m'ont trahie, des partenaires qui m'ont blessée ou manqué de respect.

Pourtant, je suis maintenant renforcée par ces épreuves, j'apprécie d'autant plus la beauté de la vie et les joies de l'amour. Je peux regarder en arrière et comprendre les leçons de mon passé. Comprendre que je suis responsable de mes actes, de mes pensées, que mes mots, forts de mon expérience, peuvent aider à éclairer ceux qui vivent des situations similaires. J'ai quelques amies qui s'étonnent quand je trouve des mots justes pour expliquer ce qu'elles ressentent dans certaines situations, il n'y a aucun mystère, je parle bien de ce que je connais bien. Je suis passée par les méandres de vie où elles sont empêtrées, j'ai donc ressenti une partie de ce qu'elles éprouvent. J'ai eu mes solutions, qui ne sont pas forcément les leurs, mais qui peuvent leur servir à réfléchir à leurs propres moyens de s'en sortir.

Grâce à ces moments pénibles, j'ai appris à être optimiste, pleine de gaîté et d'entrain, à être reconnaissante des cadeaux de la vie, à apprécier chaque moment. Quoi de meilleur qu'un petit morceau de chocolat blanc quand on manque de douceur, quoi de plus beau qu'un arc-en-ciel un jour de pluie ?

Quand je vis des périodes d'incertitude, je relativise les événements, je me rappelle que j'ai déjà vécu pire, que cela m'a rendue plus forte. De toute façon, quand je suis au plus bas, je ne peux que remonter ! Je le sais, je l'ai vécu plusieurs fois.

Les échecs sont des apprentissages, soit il faut recommencer en me préparant mieux, soit je me suis trompée de voie et il me suffit de choisir un chemin plus adapté, soit j'ai voulu aller trop vite, trop loin et j'ai pu prendre peur ou me fatiguer. Pourtant, je reste persuadée que si quelque chose nous tient particulièrement à cœur, comme l'écriture pour moi, que nous sentons le feu sacré à l'intérieur de nos tripes, alors il est important de nous donner les moyens de continuer.

Je l'ai compris dans mon métier de formatrice, puis de professeur, les erreurs sont indispensables pour apprendre, le cerveau est alors marqué et n'oublie pas. Alors que si j'apprends sans me tromper, souvent j'oublie une partie de l'enseignement. Cela surprenait toujours les stagiaires quand je leur disais : "Plus vous faites d'erreurs en formation, mieux c'est. Vous apprendrez ainsi à les corriger avec le professeur plutôt que vous retrouver après le stage à vous tromper seul devant votre ordinateur sans personne pour vous montrer les solutions". Je continue à expliquer cela à mes élèves, chaque erreur faite en classe, corrigée et expliquée, permet de mieux comprendre afin de maîtriser les compétences nécessaires à la réussite scolaire.

Bien sûr, dans la vie réelle, je n'ai pas l'habitude de demander de l'aide à un "maître". Pourtant, les autres sont souvent mes professeurs sans que je m'en rende compte.

Ne vous êtes-vous jamais retrouvé sans savoir quelle décision prendre ou comment résoudre un problème et, soudain, une phrase dans un livre, une histoire racontée par une connaissance, un discours entendu à la radio ou à la télé vous donne miraculeusement une solution ou une réponse ?

Je pense que cela fait partie de la magie du quotidien... Il suffit d'être enceinte pour rencontrer d'un coup des tas de femmes enceintes ou de vouloir acheter une voiture d'un modèle particulier pour prendre conscience qu'il y en a beaucoup autour de nous.

La plupart du temps je porte des œillères, mais il est des moments magiques où elles tombent et j'entrevois tout un monde de réponses et de possibles.

J'ai appris aussi que chaque petite tâche, même du quotidien, peut être une source de joie. Il suffit que je trouve la motivation et que je me respecte en l'effectuant.

La motivation pour faire le ménage est parfois difficile à trouver. Ce peut être la joie de vivre dans une maison rendue plus belle et agréable par sa propreté ? Ou bien la satisfaction de penser que, grâce à mon nettoyage, nous vivrons dans un environnement plus sain ?

Pour la cuisine, comme je suis très gourmande, cela facilite un peu. Puis, j'ai posé dans la cuisine une ardoise où les enfants, leur père et moi pouvons donner des suggestions de menus pour les repas à la maison. Les plus jeunes ont tendance à vouloir des hamburgers, de la purée ou des pâtes... Mais ils évoluent en grandissant et donnent des idées intéressantes. J'aime inventer de nouvelles recettes de cuisine et je ne suis jamais exactement une recette existante, il faut que j'y ajoute ma petite touche personnelle.

Je pense que chacun de nous peut apporter sa contribution à l'harmonie de la terre et de l'humanité en réalisant sa propre harmonie. En effet, il me paraît évident que je ne peux pas respecter la paix à l'extérieur de moi, si je ne la contiens pas à l'intérieur. Quelqu'un qui se ment ne peut dire la vérité aux autres.

Cependant, si je suis en paix, en équilibre, je vis l'harmonie, elle se dégage de moi, même de manière involontaire. Elle va avoir une influence sur mon entourage proche. En fréquentant cette énergie, il va, peu à peu, s'en imprégner presque insensiblement. Puis de proche en proche, à la manière des cercles concentriques, tous les autres êtres humains vont peu à peu ressentir les effets de l'apaisement.

Nous avons donc une responsabilité dans les situations conflictuelles du monde entier, au sens où nous pouvons influer sur la vie de tous les autres habitants de la terre en vivant en paix au fond de nous.

Pour être en paix à l'intérieur de moi, j'ai dû apprendre à équilibrer les parties de mon Moi. Un des processus les plus importants a été d'équilibrer ma part féminine et ma part masculine. Je crois, je l'ai déjà dit, que tous les être humains sont complets. Ils ne sont pas coupés en deux, avec les hommes qui viendraient de Mars et les femmes de Vénus. Non ! Ils contiennent tous un Mars et une Vénus. Bien sûr, je crois que les personnes qui n'ont pas réussi à gérer un des aspects d'eux-mêmes sont tentées de le trouver à l'extérieur, mais elles sont alors incomplètes et dépendantes d'un autre être humain.

J'ai, moi aussi, une part féminine qui a pour principales caractéristiques l'écoute, l'accueil et l'intuition. Mais je contiens également une part masculine qui a pour principales caractéristiques l'action, la logique et la raison.

Je trouve que le concept yin/yang le résume très bien. Le yin et le yang ressemblent chacun à une larme, alors qu'assemblés, ils représentent un cercle qui est la forme complète parfaite. Je sais qu'il peut nous paraître plus simple de rechercher l'équilibre à l'extérieur de nous, mais c'est également refuser notre propre complétude, comme si nous nous amputions sciemment d'un membre. La plupart des êtres humains frémirait à l'idée de se faire couper un bras, une jambe ou simplement un orteil, sans raison valable, pourtant nous agissons de la même façon en nous privant d'une partie de nous. Alors, nous refusons la joie et la possibilité d'atteindre notre potentiel maximum.

J'ai parfois du mal à équilibrer mon couple intérieur, ma part yin et yang, parce que, suivant les moments, je ne respecte pas une de ses parties. En effet, par exemple, si je commence à créer un nouveau logiciel, mon cerveau et toute sa fonction logique sont fortement sollicités, je peux me laisser engloutir toute dans le projet, mes besoins physiques sont alors minimisés, j'oublie de manger, de boire, de me reposer, de regarder l'heure… finalement, je ne respecte pas mon corps qui ne peut donner le meilleur de lui-même, car il est en perte d'énergie.

A l'inverse quand je m'occupe de mes enfants, je peux oublier de garder un peu de temps pour moi, le résultat est que je m'énerve plus vite, le temps que je consacre alors aux enfants n'a pas la qualité désirée. Alors que si je prends le temps de respecter autant mon côté martien que mon côté vénusien, leur équilibre me donne une énergie, une force, une puissance inégalées. J'ai toujours pensé qu'un plus un faisait nettement plus que deux quand ils travaillent en synergie. Je ne dis pas cela d'un point de vue mathématique, mais dans le sens où le tout est souvent beaucoup plus que la somme des parties. Il suffit de prendre l'exemple bien connu du corps, l'ensemble des morceaux s'ils fonctionnent indépendamment les uns des autres offre beaucoup moins que le tout qu'est l'humain ou l'animal.

Il est évident pour moi qu'une personne qui ne sait pas gérer sa partie masculine va chercher à la trouver à l'extérieur et inversement. Je pense que c'est pourquoi les hommes machos ont souvent des femmes qui s'effacent au foyer et sont incapables de changer une roue. C'est aussi pourquoi, j'entends souvent des femmes se plaindre de ne pas avoir envie de faire l'amour avec leur mari parce qu'il ne leur propose pas la sensualité à laquelle elles aspirent, et les hommes se plaindre de leur épouse, car elle ne leur propose pas le sexe auquel ils aspirent. Pourtant, il est tellement plus agréable d'avoir en soi la possibilité d'apprécier le sensuel et le sexuel et de faire des variations sur ces thèmes avec un partenaire complet lui aussi, c'est pour moi la vraie liberté.

D'ailleurs, avec mon couple intérieur équilibré, je permets à mon conjoint de faire vivre aussi bien sa part masculine que la féminine, de savourer des sensations de toutes sortes, d'avoir un plus grand choix dans sa vie, ce qui lui donne donc plus de satisfactions.

Je pense que ceux qui préconisent de se couper en deux en favorisant uniquement la partie de soi qui prédomine et en étouffant l'autre, encouragent la dépression, le désespoir, voire la folie. C'est un peu comme si je décidais de couper ma main gauche parce que je trouve que je ne sais pas bien l'utiliser, je ne suis pas certaine d'y gagner grand chose, mais je suis vraiment sûre d'y perdre beaucoup.

Mon expérience m'a appris à me méfier des gens qui préconisent autre chose que l'unité. Tous ceux qui m'ont conseillé de renier une part de moi même m'ont conduite vers la souffrance alors que ceux qui m'ont appris à m'aimer et à m'accepter telle que je suis m'ont aidée à vivre dans la joie.

Affirmer que les deux sexes sont différents me paraît une évidence, mais je pense qu'il faudrait aller plus loin et admettre que tous les individus sont différents. Il me semble que la solution à tous les problèmes personnels passe par l'apprentissage du respect de soi et, à fortiori, par l'amour de soi. Puis, une fois que nous avons appris à nous respecter et à nous aimer, nous pouvons ensuite apprendre à respecter et aimer les autres, en commençant par le plus facile : les proches, puis, en élargissant les cercles à notre rythme, nous en arriverons à respecter et aimer l'humanité entière, les animaux, tout ce qui peuple la terre et le ciel. Dans le respect, nous apprenons que nous sommes tous des êtres uniques, que nous sommes donc tous différents et que de ces différences naît la beauté de la Vie et la joie.

Je pense que nous avons tous le choix de notre vie, de nos comportements et de nos pensées, nous pouvons tous évoluer vers le meilleur de nous-mêmes puisque nous le contenons, en nous ouvrant à notre intérieur si riche, si beau, en puisant dans les trésors de confiance, de beauté et d'amour que nous portons dans notre cœur. En laissant de côté nos peurs pour avancer sur notre voie, nous ne pouvons que vivre avec joie.

Je sais que c'est toujours plus facile à dire qu'à faire, j'ai souvent fait deux pas en avant, un pas en arrière. Je me suis parfois écartée de la route que je souhaitais emprunter. Je ne suis pas parfaite, je suis un être humain, une infime parcelle de vie dans un univers infini. Pourtant je suis aussi une immense source de lumière, de contradictions, d'ombre, un mélange, un contraste étonnant. Capable des plus belles créations comme des gâchis les plus répugnants, pleine de forces et de faiblesses.

N'est-ce pas la plus grande des forces que de se savoir faible, d'accepter de faillir, de tomber, de faire des erreurs et d'y reprendre la force de se redresser, de repartir sur le long trajet vers nous-mêmes, vers l'Amour, vers la Vie.

Mon but est de devenir libre de mes choix parmi la gamme infiniment nuancée des possibilités de la Vie. Je suis heureuse d'avoir bien avancé sur la route, mais consciente du chemin encore à parcourir. Mon adhésion est à chaque instant plus grande et ma joie se répand.

Conclusion

Nous, les femmes, avons été poussées, depuis la deuxième guerre mondiale, à développer notre part masculine afin de nous faire une place dans la société, particulièrement dans les milieux professionnels. Nous sommes souvent écartelées entre notre part féminine, qui vit surtout dans notre cercle familial et avec nos enfants, et notre côté masculin, qui prédomine le reste du temps.

Notre grand défi, celui qui nous attend et que nous devrons relever afin d'améliorer notre vie, est d'apprendre, non seulement, à faire cohabiter harmonieusement nos deux pôles (yin et yang), mais, également, à les faire travailler conjointement, en synergie.

Alors, par effet miroir, les hommes, du moins ceux qui n'ont pas déjà acquis cet équilibre intérieur, seront irrésistiblement poussés à développer leur part féminine autant que leur masculine.

C'est pour ça que, en paraphrasant la chanson d'Hugues Aufray, je dis :

Debout les femmes, réveillez-vous,
Il va falloir en mettre un coup.
Debout les femmes, réveillez-vous,
On va changer le monde…

Remerciements

Je voulais remercier toutes les personnes qui me soutiennent depuis des années, tout d'abord mon époux, mes trois fils, je vous adore, merci pour votre patience et votre compréhension.

Ensuite, ma mère qui relit tous mes écrits pour corriger les fautes d'orthographe éventuelles ainsi que mon frère qui lit tous mes textes, vous êtes mes plus grands fans. Merci aussi à ma famille et ma belle-famille, j'ai beaucoup de chance de vous avoir.

Puis, mes amies, mes sœurs, Elisabeth, Hélène, Lee-Ann, Nathalie, Sabine et bien d'autres, je vous aime de tout mon cœur, merci d'exister et d'être là pour moi, vous rendez ma vie plus riche et plus belle.

Et enfin, merci à tous mes amis, mes collègues de travail et mes élèves, ma vie serait moins passionnante sans vous.